制造业数字化转型发展研究

姜艳凤 ◎ 著

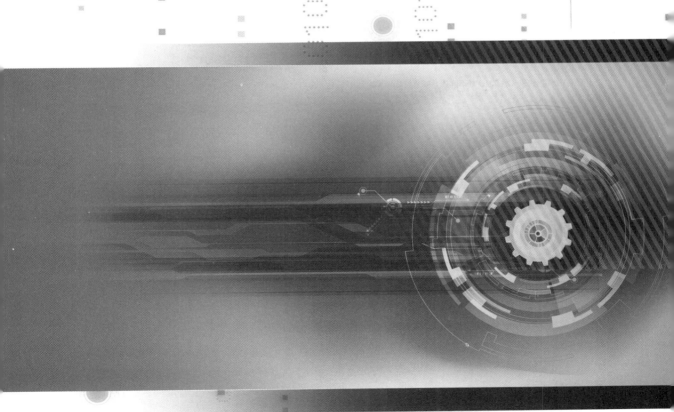

吉林出版集团股份有限公司
全国百佳图书出版单位

图书在版编目（CIP）数据

制造业数字化转型发展研究 / 姜艳凤著. -- 长春 ：
吉林出版集团股份有限公司，2023.7

ISBN 978-7-5731-3857-6

Ⅰ．①制… Ⅱ．①姜… Ⅲ．①制造工业—数字化—研
究—中国 Ⅳ．①F426.4-39

中国国家版本馆CIP数据核字(2023)第133982号

ZHIZAOYE SHUZIHUA ZHUANXING FAZHAN YANJIU

制 造 业 数 字 化 转 型 发 展 研 究

著　　者　姜艳凤

责任编辑　田　璐

装帧设计　朱秋丽

出　　版　吉林出版集团股份有限公司

发　　行　吉林出版集团青少年书刊发行有限公司

地　　址　长春市福祉大路 5788 号（130118）

电　　话　0431-81629808

印　　刷　北京昌联印刷有限公司

版　　次　2023 年 7 月第 1 版

印　　次　2023 年 7 月第 1 次印刷

开　　本　787 mm×1092 mm　　1/16

印　　张　10.5

字　　数　242千字

书　　号　ISBN 978-7-5731-3857-6

定　　价　76.00元

前　言

21 世纪之初，中国工程院曾开展了"新世纪如何提高和发展我国制造业"的咨询项目，针对当时对制造业的消极看法和不利因素，提出"制造业一直为人类创造着物质财富和精神财富，是一个国家经济发展和综合实力提高的支柱"。尤其是中国尚处于社会发展的工业化阶段，制造业不但是国民经济中的重要组成部分，为工业化、现代化提供主要物质基础，而且应该以较高速度增长，引领社会和经济发展；制造业的劳动生产率远高于全国各产业平均值，是社会技术进步的主导，并且体现着国家的国际竞争力。此项目完成后曾向国务院分管领导汇报并得到肯定，于 2003 年 2 月将其内容以"全球化时代的中国制造"为名公开出版，在社会上引起了一定的反响。

在 21 世纪前 10 年，我国制造业有了突飞猛进的发展。增速一直高于国民经济平均增速，在国民经济中的比重不断上升；产业技术水平有所提高，某些方面达到了国际先进水平；在产品数量快速增长的同时，质量也有相应提高；制造产品出口量快速增长，国际市场的份额不断增加，2009 年我国成为世界第一出口大国，其中主体是制造业产品；制造业的地位也不断提高，各地都把发展制造业列在发展经济的首位；我国已成为名副其实的制造大国。

制造业作为国民经济的主体，是立国之本、兴国之器、强国之基。从 18 世纪第一次工业革命开始，世界强国的交替兴衰一再证明，制造业是国家强盛的根本所在。在中国，随着要素成本的持续上升和传统优势的不断弱化，过去依靠发达国家拉动作为增长引擎的局面正在发生变化。从低附加值、劳动密集型模式向追求高附加值、高技术含量模式的转变，是中国制造业面临的巨大挑战。针对以上挑战，我国政府提出《中国制造 2025》规划，以信息化与工业化深度融合为重点，促进以云计算、物联网、大数据为代表的新一代信息技术与现代化制造业、生产性服务业等融合创新，从而提升中国制造业的水平。

目　录

第一章　我国制造业发展概述……………………………………………… 1

第一节　我国制造业可持续发展的紧迫性 ……………………………… 1

第二节　我国制造业发展的目标 ………………………………………… 7

第三节　我国制造业实现可持续发展的路径 …………………………… 9

第二章　制造业数字化转型概述 ………………………………………… 23

第一节　数字化转型的意义 …………………………………………… 23

第二节　数字化颠覆传统行业的三种方式 …………………………… 26

第三节　数字化转型的紧迫性 ………………………………………… 30

第四节　加速数字化转型的原因 ……………………………………… 33

第五节　何时数字化转型 ……………………………………………… 34

第三章　从"中国制造"到"中国智造" ………………………………… 38

第一节　升级企业级应用系统，事半功倍 …………………………… 39

第二节　车间中的通信及智能化管控 ………………………………… 45

第三节　制造车间里的大数据 ………………………………………… 52

第四节　当电脑直接与机器对话 ……………………………………… 58

第四章　新范式下制造业数字化转型的新模式 ………………………… 67

第一节　智能制造新模式的内涵与特征 ……………………………… 67

第二节　智能制造新模式的技术体系构建 …………………………… 68

第三节　智能制造新模式的技术发展热点分析 ……………………… 69

第四节　智能制造新模式的重心：规模定制生产 …………………… 73

第五章　新范式下制造业数字化转型的治理工具 ·································· 78

　　第一节　新兴产业发展治理工具概述 ······························· 78

　　第二节　新范式下的政府采购 ······································ 79

　　第三节　新范式下的政府补贴 ······································ 81

第六章　产品数据管理和全生命周期管理 ································· 86

　　第一节　产品数据管理技术 ·· 86

　　第二节　产品全生命周期管理技术 ································· 98

第七章　制造业的全面数字化管理 ····································· 104

　　第一节　概　述 ·· 104

　　第二节　ERP 运行的基础数据环境 ································ 105

　　第三节　ERP 系统的层次计划管理 ································ 109

　　第四节　ERP 系统的管理内容 ···································· 113

　　第五节　网络经济时代制造业数字化趋势 ························ 116

第八章　智能制造：体系构建与行动路径 ································· 119

　　第一节　制造业智能化、数字化转型 ······························ 119

　　第二节　数字化工厂：工业 4.0 的实践之路 ······················ 127

　　第三节　数字化工厂建设面临的主要挑战 ························ 132

　　第四节　数字化工厂在制造领域的应用 ·························· 134

　　第五节　构建精益的数字化生产系统 ····························· 136

第九章　传统制造业数字化转型的促进政策 ····························· 145

　　第一节　传统制造业数字化转型的内涵 ·························· 145

　　第二节　传统产业数字化转型的重要性和可行性 ················· 147

　　第三节　传统制造业数字化转型的进展与面临的主要问题 ·········· 149

　　第四节　美国和德国制造业数字化转型的经验与启示 ············· 155

　　第五节　促进传统制造业数字化转型的政策建议 ················· 158

参考文献 ·· 161

第一章　我国制造业发展概述

进入 21 世纪，我国制造业取得了很大发展，整体实力明显增强，结构有所改善，国际竞争力进一步增强。从内部来看，我国已基本完成始于 20 世纪 90 年代的国有企业改组、改制和改造，经历改革"阵痛"的国有企业，适应社会主义市场经济的能力显著增强，改革效果开始显现；各级地方政府在"发展是硬道理"思想的指导下，普遍认识到制造业在经济中的主导地位和基础作用，加快经济建设，尤其是发展制造业的积极性空前高涨；1998 年亚洲金融危机爆发后，我国政府采取的一系列扩大内需的财政、货币政策，有力地拉动了经济的发展；目前，我国仍处于工业化的加速阶段，制造业的发展仍起着重要的带动作用。从外部来看，加入世界贸易组织，为我国利用国际生产要素和国际市场创造了有利条件，出口已成为拉动我国经济增长的重要因素。在以上内外因素的共同作用下，我国经济进入了新一轮成长周期，而制造业的增速明显高于整个经济的增速，成为名副其实的主导产业。

第一节　我国制造业可持续发展的紧迫性

全球金融危机的经验教训使人们进一步深刻地认识到，制造业始终是一个国家国民经济和社会发展的支柱和主导产业，是改善人民生活的物质基础，是国家整体实力和国际地位的象征，是拉动就业和带动其他产业发展的牵引力，是国家文明和民主法治建设的重要推动力。我国是一个人口众多、资源相对短缺的社会主义国家，制造业的重要性更是非同一般，没有制造业的可持续发展就不可能有经济和社会的可持续发展。

制造业可持续发展是指在一定的历史时期内，制造业持续地起到经济社会的支柱产业作用，而又不对社会经济和制造业本身的长期发展产生负面影响。其内容包括满足社会经济对制造业的合理需求，包括生活用品、生产设备及中间品，而不出现远远超过需求的过量供给；所需的资源（材料、能源、劳动力等）能够获得或在某种资源短缺时有代用品；对环境造成的负面影响被控制在允许范围内；通过技术进步和其他相应措施使单位产品的资源消耗量和环境影响量持续下降。由此可见，要保证制造业可持续发展，需要做到供给与需求基本平衡，满足日益严格的资源与环境制约条件，依靠科技进步，根据发展的需要而不断完善市场竞争和宏观调控机制等。

当前，我国经济发展正处于产业结构调整、转变经济发展方式、农业文明生产方式向工业文明生产方式转变的时期，同时也面临着世界各国共同的金融危机，以及资源与环境制约等问题。特别是金融危机发生后，全球经济一体化的格局受到了冲击，国际市场需求萎缩，虚拟经济泡沫破裂，实体经济重新受到关注，尤其是对制造业的重要性有了重新认识。在这种形势下，我国制造业可持续发展显得尤为紧迫，主要有以下几个方面。

一、世界经济形势变化对我国制造业将产生深远的不利影响

金融危机导致世界各国经济出现不同程度的衰退，全球经济短期内难以再现上一轮高速增长的景象，实现复苏可能需要一个漫长曲折而又艰难复杂的过程。多数学者认为，当前全球金融危机基本上已经见底，但还存在诸多不确定因素。对我国而言，出口导向型和粗放式经济发展模式受到比较大的冲击，其中制造业最为严重，这种局面还将继续。

（一）外贸出口下降

我国制造业外向型特征比较明显，制造业产品出口一直快速增长．从我国出口产品来看，工业制成品占90%以上，制造业产品则占工业制成品的绝大多数，因此金融危机对我国制造业产品出口影响最大。通过分析认为，金融危机后我国制造业产品出口不可能再延续前几年的旺盛势头，但我们仍有机遇，如发达国家对低端产品的需求仍将持续；发展中国家的市场需求潜力还很大；以低端产品出口为主向中、高端产品出口发展，同时提高成套产品的出口比重等。

（二）外商及中国港、澳、台商对制造业直接投资减少

从目前来看，减少的外资及中国港、澳、台资企业基本都是加工类的劳动密集型企业。为避免风险和有利于结构调整，可能需要进一步加强对外资及中国港、澳、台资进入某些关键企业、高能耗和高污染企业的评估。

（三）以制造业为代表的实体经济再受重视

国际金融危机使世界各国经济遭受严重冲击，人们从狂热的虚拟经济逐步回归到以制造业为代表的实体经济。世界主要发达国家提出了"再工业化"，笔者认为应主要解决两大问题：一是改善供需结构和增加本国就业；二是突破资源和环境"瓶颈"。"再工业化"近期内的一个重要表现是贸易保护主义重新抬头；而长期目标将体现为

再造一个新"实体"，即结合缓解资源和环境的制约，以节能、提高能效和可再生能源、新材料等为代表的高附加值、高技术含量产业。如美国新一届政府提出发展绿色经济作为今后的重点，并强调通过技术创新恢复美国制造业在世界上的领先地位。另外，值得注意的是，在近几年中，英国受访制造业每 7 家公司就有一家已将海外工厂迁回英国。

（四）传统企业低成本竞争优势减弱

过去，我们为了资本的原始积累，以廉价的劳动力、能源和无成本的环境为代价向全球提供低廉的产品。近年来，由于原材料、交通运输、能源、环境、劳动力和土地的价格都不断提高，传统企业的低成本优势逐渐减弱，使一些企业关门、一些企业转移，加工类的劳动密集型的合资（独资）企业，尤其是一些中国台企和中国港企已经离开祖国内地转向印度和越南。博思艾伦咨询公司调查显示，印度和越南是迁厂首选，其次是泰国、马来西亚和巴西，参与调查的公司还提到了墨西哥、菲律宾、新加坡、印度尼西亚、罗马尼亚、韩国、俄罗斯及波兰等颇具潜力的国家。他们认为，印度和越南与中国相比具有一些优势，诸如劳动力成本、部分税收优惠、竞争不太激烈、具有更好的知识产权保护及更优惠的公共事业费用等。

由上可知，无论是在金融危机中还是在其之后，我国制造业产品的出口将会遇到越来越大的阻力。当前世界各国都在考虑后金融危机时代重启经济发展步伐，特别是"再工业化"给我们的启示是要大力提高我国的国际竞争力。为此，一方面要加大对外贸易力度，另一方面要加大科技投入，依靠科技进步培育新的经济增长点和创造新的就业岗位。总之，面对新一轮的国际竞争，如果依然保持出口导向和粗放增长的模式，那么我国制造业可持续发展会受到更大挑战。此次金融危机提示我们，应从出口主导型转向内需为主型，以降低风险；尽快进行产业结构调整与升级，并结合资源与环境的约束，进一步依靠科技进步培育新的经济增长点。

二、国内市场需求不足对制造业发展提出挑战

扩大内需是我国今后经济发展中的主要任务之一，并提出了多项对策，如加快城市化进程、提高农民收入、刺激消费（包括农村市场）、发展服务业和新兴产业等。这对制造业持续发展是一次很好的机会，但也需要清醒地看到我们还面临不少问题。

（一）消费对经济发展的拉动作用远未形成

由于国民经济一次分配向资本倾斜，消费率偏低，国内消费不足。因此，我们需要通过提高劳动者收入加快城市化进程、产业结构调整、新农村建设、新兴产业发展、减少产品过剩等办法，提高消费对经济发展的拉动作用，使投资率与消费率逐步趋于

合理。

（二）传统制造业中很大部分产品的实物量需求趋于饱和，有些已供大于求

我国经济经过近40年的快速增长，人民的温饱问题已基本得到解决，国内市场需求已经开始发生变化。部分与衣食相关的物品总体上呈刚性需求，其实物消耗量不会有大量增加，随着经济刺激计划的逐步退出，大规模建设的速度将逐步放缓，一些传统制造业产品的需求已经趋于饱和，甚至供大于求。国内市场对制造业产品的需求是有限度的，在一部分制造业产品保持实物量增加的同时，主要通过产品结构调整和技术进步以提高产品性能和档次，提高其价值含量，才能使制造业可持续发展。当然对于某些新兴产业，如电动汽车、新型产品和电子类个人用品、新型生产装备等，受需求牵引实物量还会出现较大幅度增长。

以上情况表明，虽然国家已经明确提出扩大内需的具体政策和措施意见，但是需要相当一段时间的努力才能显现效果。对于制造业而言，就是针对国内市场需求变化，通过结构调整和技术进步，控制传统制造业产品实物量的增量，提高制造业产品价值的增量。

三、结构调整难度进一步加大

对于我国制造业而言，结构调整是老话题了，只是全球金融危机爆发后显得更加突出。这个不单单是制造业本身的问题，还与我国经济和社会发展中的机制和体制密切相关。全球金融危机爆发后，又使一批加工类的劳动密集型（包括贴牌加工）企业受到严重伤害，给就业带来了更大的压力，结构调整的难度进一步加大。主要问题有以下几方面。

（一）区域结构趋同化严重

当前我国制造业区域结构趋同的问题比较严重，制约了制造业的合理有序发展。从较发达地区来看，区域之间产业结构趋同的问题比较明显。从整体来看，各地之间经济互补性不强，重复投资和产能过剩严重，产品质量和可靠性不高，人、财、物等无法有效整合，市场竞争呈现无序化，实物增量高于价值增量，导致资源浪费、环境污染。产能过剩，主要集中在钢铁、建材、电解铝、机械、化工、轻纺、电子等行业，连新兴产业中的光伏电池和风电设备等均出现产能过剩。造成目前区域结构趋同问题的主要原因是以国内生产总值为主的考核方式和地方财政增长的需要，对社会包括制造业的可持续发展产生了负面影响。

另外，值得注意的是，自全球金融危机出现后，新一轮的产业转移有可能加快，即一些传统的资源消耗高、环境污染严重、成本高、利润低的低端制造企业从经济较发达地区转向经济较为落后的地区。

（二）产业结构不合理

经过多年的产业结构调整，我国制造业产业结构发生了明显变化，但仍有不足，如资源加工工业增长过快，近年来在制造业中的比例呈快速上升的态势，说明我国制造业依赖资源的粗放增长方式还在延续。

高技术产业在制造业中所占比例过小，我国确定的高技术产业，研发投入强度远低于国际上通行数值，大都集中在低附加值环节，使得高技术产业名不副实。

从制造业产业链分析，由于我国流通企业与上游企业（多为制造业企业）没有建立产销联盟、信息共享等有效机制来降低流通成本获得价格优势。流通企业本身也没有根据消费者的需求特点建立服务方式，因此造成其服务价值缺乏竞争优势。即在流通领域的价格竞争中，缺乏社会信誉，流通成本过高；而往往通过各种方式压低其上游制造企业产品价格的做法，还保持其过高的流通成本，使制造企业利润空间很小，进而难以支持研发活动。同时一些已习惯了规范的市场秩序的外向型企业在遭遇金融危机影响后企图转向国内市场时，无法适应不规范的市场秩序。另外，在外贸中也存在某些跨国零售企业对我的供应商滥用买方势力，通过各种经济的、超经济手段进一步压缩制造商的利润空间。这些情况一方面制约了我国产业的结构调整与升级；另一方面也影响了我国制造服务业的健康发展。

（三）大企业集团不强、专特精企业缺乏

改革开放 40 多年来，虽然我国制造业取得很大的成绩，但是长期以来我国制造业的发展存在着重主机、最终产品和建厂房，而轻视基础性工作，如在钢铁、船舶、家电、通信设备、电力设备、重型机械、工程机械等领域已形成一批大型企业集团，但制造能力强，研发能力弱；引进技术多，自主知识产权少；生产产值高，劳动生产率和工业增加值率低；单机制造能力强，系统集成能力弱等，除个别企业外，绝大部分企业仍不具备与国际大型跨国公司竞争的实力。企业集中度也较低，如钢铁业集中度近年来还有所降低。同时，我们还缺乏专、特、精零部件制造企业，如大型铸锻件等大量关键零部件依赖进口，不仅提高了产品的成本，而且发展受制于人。

除上述外，实现结构调整，改变我国经济发展方式，涉及方方面面，包括企业资本结构和国家经济评价等方面。

五、技术创新体系不完善

我国制造业核心技术缺乏，企业大量采购国外技术与装备，引进后消化、吸收的

不够，造成引进—落后—再引进这种反复引进的不合理现象的长期存在。技术对外依存度高，国际竞争力弱，技术创新体系不完善，制造业可持续发展后劲不足。主要原因有以下四方面原因。

（一）以企业为主体的技术创新体系没有形成

国家通过财税、金融、政府采购、科技计划等方面的措施，鼓励和引导企业成为研究开发投入的主体、技术创新活动的主体和技术集成应用的主体。从近些年的科研项目实施情况来看，项目承担单位过于分散，撒胡椒面现象还很普遍，同时企业的研发能力有限，加上利润导向，使得企业主要关注于产品层面开发，而对一些基础性、共性的技术开发无能为力或没有兴趣。

以企业为主体的技术创新体系，重点体现在企业应是技术需求的主体、研发投入的主体、成果应用的主体，即企业通过技术需求导向，加大研发投入力度，在产、学、研结合中起主导作用，并形成利益共同体，使研发成果实现产业化并推向市场，但是这种体系至今尚未形成。

（二）行业基础共性技术研究缺位

基础研究→共性技术研究→产品开发→产业化构成了制造业的技术创新体系，但我国的研究院所和高等学校主要关注的是能直接产生效益的产品开发，特别是产业部门的研究院所改制成企业后，忙于自身的生存和应付保值、增值的考核指标，使得技术创新体系中的关键环节——产业基础和共性技术研究缺失，如铸造、锻压、焊接、热处理、金属切削等基础制造工艺和仪器仪表、传感器、密封件、轴承等基础件的研发十分薄弱，导致核心技术无法掌握。

近年，一些政府部门围绕行业共性技术也采取了相关措施，如建设科学基础设施和大科学工程，在企业和高校内部建设了大量的国家重点实验室、国家工程实验室、国家工程技术研究中心等，但所建这些机构不少由于自身隶属关系，共性技术研究成果很难在行业中实现共享和扩散。

（三）技术创新管理体制不健全

欧美及日本、韩国等国家和地区对本国的制造业技术创新有一整套的管理办法和相配套的机制。特别是金融危机后，随着国际市场需求不足，保护主义抬头，对本国技术创新的管理更加重视。在我国，通过生产、教学、科研及用户四方联合攻关，攻克有代表性的量大面广的中高档产品，从研究开发到试制，直到投产应用、改进完善、成熟定型的全过程未形成有效的机制保障。由于管理体系分散、低效，研究开发和产业应用环节严重脱节，科技与经济两张皮的现象未能得到很好的解决，中长期科技规划中确定的重大科技专项进展不顺利。近年来，国家鼓励通过生产、教学、科研及用户合作的形式开展技术创新活动，鼓励成立产、学、研技术创新联盟并承担国家项目，而实际情况却是，产、学、研合作往往只停留在表面的项目申报层面，真正的利益共同体和与用户结合的科研项目并不多。另外，政府采购制度尚不完善，支持自主创新的产品应用政策还缺乏可操作性。

完善的技术创新体系是我国制造业可持续发展的关键所在。今后，除鼓励节能减排、采用提高能效的技术和开展绿色制造的研究与应用外，我国应瞄准世界先进水平，走以我为主、自主创新的发展之路。一方面把引进、消化、吸收和提高的工作做好；另一方面要改变观点，克服急于求成的做法。加强基础研究与共性技术研究，完善行业标准，提高准入门槛，促进生产和使用的紧密结合，真正把我国建成创新型国家。

第二节 我国制造业发展的目标

新中国成立以来，我国制造业得到了迅速发展，并向全世界展示了人类历史上最大规模的工业化进程。我国制造业同其他产业相比，不仅所占比例最高，对国民经济发展贡献大，同时还具有发展速度最快、国际化程度最高的特点。国际金融危机的爆发不仅是全球经济发展的一次历史转折，也对我国制造业可持续发展提出了一系列新的要求。因此，亟须明确在未来一段时期我国制造业可持续发展的目标。

在我国工业化、工业现代化的大背景下，制造业可持续发展具有三重含义：一是制造业对经济社会发展起到持续支撑作用；二是在资源、环境约束下的制造业可持续发展；三是在"供需平衡"和技术进步推动下的制造业可持续发展。第一层含义可以通过制造业总体目标进行描述和预测；第二层含义可以通过能源、环境目标进行描述和预测；第三层含义可以从结构与技术目标方面进行描述和预测。

工业化、工业现代化和工业文明构成了预测的基本"参照物"。我国当前正处于工业化中期，因此未来一段时期制造业发展将逐步进入"质量提升阶段"。一方面制造业仍然是人均国内生产总值提升的重要来源；另一方面制造业结构将发生明显变化，同时应更注重制造业发展质量的提升。邓小平同志明确提出到2050年我国基本实现现代化，达到世界中等发达国家的水平。而工业现代化又是"国家现代化"战略的一个重要方面。因此，我国在初步实现工业化后，实现工业现代化还有很长一段路要走。而基本实现工业化后的工业现代化应该是无缝衔接的，这就要求现阶段我国制造业应当在积极推进工业现代化的战略背景下展开，制造业的可持续发展应当遵循工业现代化在生产效率、产业结构、技术先进性，以及资源环境约束等方面的基本要求。此外，对于我国制造业的可持续发展而言，还将面对"中国特色的工业文明"的命题。实际上，

"中国特色的工业文明"不仅是我国制造业发展的"核心价值观"取向,还是我国制造业发展"软实力"的具体体现,更是我国制造业在世界范围内的一种"象征"。除了传统工业文明强调重视满足人类需求的生产活动过程之外,"中国特色的工业文明"更应强调"人与自然"的和谐,即科学发展观所强调的要以"统筹协调"的方式和手段实现发展的思路,遵循以创新推动发展的理念,不断提升生产效率,转变发展方式。

基于上述分析,从我国所处的特定阶段和国情出发,我国提出了制造业可持续发展应当实现的目标体系,具体包括总体、结构、技术、能源与环保四个方面。

一、我国制造业可持续发展的总体目标

在可持续发展的各种定义中,保持经济持续稳定增长是共同特征,而经济发展与自然环境的关系、不同国家及不同地位人群的利益关系是经济增长的重要约束条件。具体到我国制造业,保持平稳、较快增长是可持续发展的基本要求。这不仅是我国人民生活水平提高和社会稳定的需要,也是世界各国人民享有同样福祉原则的体现。同时,依靠科技进步,以提高效率为主要动力,注重资源节约、环境保护的集约化发展道路也是制造业可持续发展的基本要求。因此,我国未来制造业可持续发展总体上不仅是平稳、较快的发展,还是有效率和具有国际竞争力的发展。根据所反映情况的具体要求和数据的可获得性确定了具体指标。

二、我国制造业可持续发展的结构目标

我国制造业面临的结构性问题是制约其实现可持续发展的核心问题。促进产业结构优化升级是推动制造业可持续发展的关键。集中表现在"三化"上:产业结构合理化、产业结构高度化和产业组织结构优化。产业结构合理化是指工业内部轻工业和重工业的比例协调,轻工业和重工业各自的内部结构比例协调。产业结构高度化是指高技术产业在制造业中的比重不断增大,由资源密集型产业占主导的结构模式向技术密集型产业占主导的结构模式转变。产业组织结构优化是指制造业企业通过资源整合、强强联手等方式提高集中度,以增强国际市场的竞争力。

三、我国制造业可持续发展的技术目标

技术创新是我国经济、社会提升的根本措施,而从量和质两方面都在国家创新体系中占有主导地位。制造业的技术创新是一个复杂系统,需要政府、企业和社会组织的多方互动。对技术创新目标的设定需要考虑两个方面:一是技术创新的投入,即研究开发经费的投入和科技活动人员投入;二是能够反映技术创新对制造业所产生绩效

的指标。

四、我国制造业可持续发展的能源与环保目标

对于制造业而言，解决能源问题的主要途径是依靠结构升级和技术进步，提高能源使用效率，促进能源资源的合理高效利用。而环境问题则通过生产过程中污染物的减排和治理两个方面加以解决，以确保经济与自然界的和谐发展。

在以上对我国制造业可持续发展目标体系构建的基础上，以在 2020 年基本实现工业化，在 2050 年实现工业现代化为战略目标参照，以及建立"中国特色的工业文明"为基本价值观目标参照，对我国制造业实现可持续发展的目标进行了进一步的描述，并提出了应当达到的目标值。

第三节　我国制造业实现可持续发展的路径

面对日益严重的能源、资源和环境约束及全球金融危机引起的国际市场骤变的挑战，我国制造业的可持续发展思路可以概括为需求牵引、价值为主、结构调整、创新领先、绿色制造、夯实基础、增值服务、以人为本。本书第三章，已经对需求变化情况和结构应如何调整进行了详细分析，提出发展重点应从主要关注实物量增长转到主要关注价值量增长上来并已体现在报本书各部分中。本部分着重对创新领先、夯实基础、绿色制造、服务增值、人才为本五个方面进行分析。

一、坚持创新领先

当前，中国制造业融入全球经济体系的基本模式是以低成本的比较优势来参与全球制造体系的，即以便宜的劳动力、廉价的能源、几乎不计入产品成本的环境成本向全球提供便宜的低端制造，成为"世界工厂"。世界金融危机及不断出现的贸易纠纷使我们必须思考一些问题：随着中国经济长期持续的增长，财富也必然持续积累，从而带来劳动力、土地等生产要素成本的上升，能源、资源的制约凸显；社会公众对环境问题越来越强烈的诉求，企业对更高价值端产品的追求，使低成本比较优势→低端制造→廉价大量出口的发展模式难以为继。今后很长一段时期，从实际水平和就业的需求出发，我国还不能丢掉低端制造，还要继续做世界工厂，但应该是产业结构不断升级、发展方式不断转型的名副其实的世界工厂。因此，当前政府出台的刺激经济增长的政策，不应该扶植起一批处于产业链低端的企业，又复制出一批低水平的企业，

必须寻求创造新的发展模式，培育新的竞争优势，这就是自主创新优势。

（一）扶持技术创新主体尽快到位

企业是技术的需求者和技术创新的推动者，也应是技术创新的主要组织参与者和技术创新经费的主要提供者，还是创新成果的应用者和产业化实施者，因此，理应是技术创新的主体。但目前企业作为创新主体尚未到位，除了自身能力的因素，主要是企业尚未形成必须以技术创新求生存、求发展的压力和动力，没有建立起激励机制。大多数企业特别是国有企业关注的是规模的扩大、生产能力的扩张，上级主管部门对企业的考核指标主要是产值和利润，对技术创新并无硬性要求。因此，尽管国家大力提倡创新，并提出建立创新型国家的目标，但除了部分有远见的企业家重视技术创新要素的投入以外，多数企业家对技术创新的重要性虽有认识，但从完成上级考核指标、从近期效益考虑，更愿意购买、引进他人的成熟技术，而不愿加大技术创新的投入，故难以形成自主创新能力和具有自主知识产权的技术和产品。表现为企业研发强度与国际上的差距远远大于全国研发投入占国内生产总值比重的差距。要改变这种状况，必须从改善政府对企业的考核指标、调整经济政策和奖惩制度及转变企业家观念等多种手段去推进。随着国际、国内竞争环境的变化，作为技术创新主体的企业应尽快到位。

（二）引进技术消化吸收再创新仍是一种十分重要的技术创新模式

从 20 世纪 80 年代国家主导的大型煤电装备、通信设备等引进技术消化吸收再创新的成功案例，到当今正在进行的第三代核电设备、高速列车等引进技术，表明在全球化的国际大环境下，引进技术消化吸收再创新这种模式，在今后相当长一段时间仍是最重要最有效的技术创新模式。其中部分行业已经走过了引进消化吸收再创新的阶段，开始将集成创新和关键技术标准创新作为自主创新的发展重点，如通信设备制造业。但大多数引进项目在引进过程中只是购买了设备、生产线，并未组织消化吸收，更谈不上再创新。由于目前大多产业核心技术我们没有掌握，今后仍须引进，必须在消化吸收和再创新上下大功夫，做到踩在别人肩膀上前进。对关系国民经济和科技发展具有重要意义的重大技术引进消化吸收和再创新，仍应发挥政府的主导、组织、推进作用。对于多数项目来说，负责引进和负责消化吸收的是两个单位，前者主要是用户，后者主要是制造企业，因此要用政策和具体措施处理好双方利益关系，实现双赢。

（三）解决共性技术研究缺位的问题

制造业各行业的共性技术是指适用于整个行业、多种产品的设计理论与方法及设计软件和数据库，基础制造工艺与工艺流程及数据库，材料数据库，技术标准与规范及实验测试方法等，其中部分可以各行业通用。产业共性技术是制造业赖以生存和发展的技术基础，属于竞争前技术，具有一定程度的公益性，容易造成研究活动的市场失灵，导致市场供给严重不足，这也正是需要政府公共财政支持的重要领域。

产业共性技术研究薄弱是我国技术工作长期存在的一个突出问题。20世纪90年代末，一大批工业部门的主导科研院所随着部委的撤销而转制为企业，逐步失去了为行业提供共性技术支持的功能，使原本就十分薄弱的共性技术研究处于缺位状态。国家科技部门原寄希望于设在大型企业的国家工程中心等机构来弥补这一缺位，但实践证明，原本技术创新能力就很薄弱的企业，不可能从事这种公共性质的研究。未来10年正是我国制造业由组装模仿模式为主向自主创新型模式转变的关键时期，对产业共性技术的需求越来越迫切。没有雄厚的产业共性技术支撑，是不可能实现这种模式的历史性转变的，在技术上依附于人的局面也就不可能发生根本性改变。因此，当前解决产业共性技术缺位的问题，是实现制造业可持续发展的关键。

解决产业共性技术缺位可考虑以下途径：

途径一，对重点发展的产业，将转制院所中已转向产业化的部分仍按企业运行，仅将其中从事共性技术研究的部分力量独立出来，由国家给予持续的经费支持，按公益性研究机构的机制运行，由行业主管部门管理。这种做法仅涉及部分重要转制院所中少数的研究人员，具有可行性。

途径二，对新兴产业和技术领域，设立新的共性技术研发机构。

途径三，选择设在高校的属重点发展产业的国家工程技术研究中心（包含国家重点实验室、国家工程实验室、国家工程研究中心等）给予持续的支持。由于高校也在搞产业化，因此必须从政策上要求它们应主要为全行业提供共性技术服务。

途径四，选择有条件、有能力的设在大型企业的国家工程中心等机构实行产、学、研相结合，从事行业需要的共性技术研究。这是科技主管部门推崇的一条途径，但据作者对部分设在企业的这类国家级科研机构调研了解到，由于企业的市场导向、企业间竞争激烈，事实上难以实现为行业提供共性技术服务的初衷，而变成了本企业的技术中心。因此，我们并不认同这种途径。例如，设在某发电设备制造集团的国家工程研究中心不可能为其他集团服务，而其他集团也不可能把急需的共性技术研究委托给竞争对手。

因此，真正可行的是途径一至途径三，特别是途径一，建议尽快决策并实施。

二、夯实产业基础

建立坚实的产业基础是实现结构调整和技术创新的前提和基础。我国长期以来重产品和主机、轻基础和配件，导致产业基础薄弱。目前我国正处于工业化中期，制造业的发展已经进入需要更多提高产品价值含量的阶段，各种产品、装备均要在质量和档次上有较大提升；而且从国民经济的长远发展来看，对工业产品质量和档次的要求也将越来越高，这一切没有强大的产业基础都难以实现。未来解决我国产业基础薄弱的问题，应从以下几方面入手。

（一）加强零部件、元器件、中间件、关键特种材料等中场产业的发展

长期以来，制造业的发展存在着重主机和最终产品，而轻零部件和关键特种材料发展的突出问题，以致各种重型装备需要的大型铸锻件，核电设备用的泵、阀，工程机械用的液压泵，数控机床用的高中档数控系统和功能部件，通信设备及视听设备用的集成电路和平板显示器，微波炉用的磁控管，电水壶用的温控器，空调用的涡旋压缩机，纺织产品用的高强度、高模量、耐高温的高性能纤维等零部件、元器件、关键材料大量依赖进口，不仅增加了产品的成本，而且使这些产业的发展受制于人。令人高兴的是，2009年国务院发布的十大产业调整和振兴规划已高度重视这一问题，期望通过"十二五"的努力，能逐步解决这一"瓶颈"问题。

（二）重视仪器仪表产业的发展

仪器仪表作为人类对物质世界的信息进行测量与控制的基础手段和设备，是产品研发和生产的依据，也是信息产业的源头、工业生产的"倍增器"、科学研究的"先行官"、社会活动的"物化法官"，还是实现装备和家用电器自动化、智能化的关键环节。

目前我国的仪器仪表产业非常薄弱，国内需求量的1/2依赖进口，并且国外的中高档仪器仪表、元器件和传感器占据了国内60%以上的市场份额。大型和高精度的仪器仪表和科学测试仪器几乎全部依赖进口，制约了制造业的进一步提升，也严重影响了工业化与信息化的融合。在未来10年，仪器仪表产业应充分利用我国对仪器仪表的巨大市场需求优势，作为国家重点支持发展的战略性高技术产业，制订专项计划，扶持一批专业仪表企业，尽快改变受制于人的被动局面。

（三）重视新型制造工艺和工艺流程的研究开发及推广应用，并与装备密切融合

随着技术变革和技术进步的加快，制造工艺不断升级，工艺流程的优化、再造越来越重要，工艺就是制造技术及其装备，这是产业升级和重大变革的发源地。因此，应把各种制造工艺和工艺流程的研究开发及应用放在十分重要的位置。制造工艺的升级为各种制造装备的发展提供了需求和发展方向，只有制造工艺与装备融合、装备使用企业与装备制造企业密切结合，才能保证新工艺得以实现。装备制造企业必须了解用户制造工艺，深入研究用户制造工艺，才能提出符合用户需求、满足用户制造工艺流程的解决方案和物化装备。

（四）实施标准化战略

技术标准已经成为制造业，特别是高技术产业竞争的制高点，谁掌握了国际标准的制定权，谁就会获得巨大的市场和经济利益。技术标准也是保障制造业可持续发展的重要法规手段。当前，我国技术标准水平低，体制不完整，与制造业大国的地位极不相称。要建立健全制造业标准体系，加强基础标准、试验方法标准和产品标准的研究和制（修）订，强化战略性产业的标准化工作，引导大型、骨干企业成为技术标准制定的主体。注重与国际标准接轨，积极参与国际标准制（修）订工作，提高由我国为主制定的国际标准的比重，促进自主创新产品占领国际市场。要优化标准制（修）订程序和管理方法，提升标准化工作水平和效率。

（五）强化质量检测能力建设

长期以来，我国对制造业产品的质量和性能测试、验证环节没有给予足够重视，这是我国产品质量与发达国家差距仍然较大的重要原因。发达国家的制造企业一般都建设了完善、成熟的产品测试环境，新产品通常要经过全面、充分、细致的测试才能投放市场，因此产品质量高、市场声誉良好。我国许多企业片面重视生产能力的扩大，对产品测试环境建设不重视，投入少，这是我国制造业在与发达国家竞争中的一块短板。工业主管部门应出台具体的政策，鼓励和引导企业加强对产品测试、验证环境的建设；同时，加大对公共检测机构、公共检测平台建设支持的力度。

三、发展绿色制造

制造业是能源资源消耗和环境污染的大户。实现制造业的节能减排，不仅是制造业自身可持续发展的需要，也是我国经济社会健康持续发展的需要。对于制造业而言，加快从资源消耗、环境污染型向绿色制造的转变，是解决资源环境约束的必然趋势，也是制造业可持续发展的必由之路。

绿色制造是综合考虑环境影响和资源效益的现代化制造模式，其目标是使产品从设计、制造、包装、运输、使用到报废处理的整个产品生命周期中，废弃资源和有害排放物最小，即对环境的影响（副作用）最小，资源利用率最高，并使企业经济效益和社会效益协调优化。绿色制造强调通过资源综合利用和循环使用、短缺资源的代用及节能降耗等措施实现资源的持续利用；同时减少废料和污染物的生成及排放，提高生产和消费过程中与环境的相容程度，最终实现经济效益和环境效益的最优化。绿色制造是人类可持续发展战略在现代制造业中的体现，实现绿色制造应综合运用法律、经济、技术和行政等手段。

（一）在加强立法的同时充分发挥市场机制的作用

政府应该制定完善的法律法规规范企业行为，并制定相关的经济政策鼓励绿色制造的推广和使用。即法律手段和市场机制并用，促进绿色制造技术、绿色产品的发展和延伸；使实施绿色制造的企业，不仅能取得保护环境的社会效益，得到相应的经济效益，而不推行绿色制造技术或不生产绿色产品的企业，将受到法律和经济两方面的制裁，并且在市场竞争中被淘汰。同时也要加强管理，强化环保执法力度，做到有法必依、执法必严、违法必究，彻底改变"守法成本高、违法成本低"的现状。

制造业污染的防治是需要成本的，包括污染防治的新技术、新设备的开发、运行和管理成本及增加相应环保人力投入等，因此，需要经济政策引导，包括税收、保险、信贷和贸易政策。一是建立支持环境治理的独立、稳定的公共财政，实施"绿化"税收制度；二是积极推进污染物防治市场化运作，发展多元化市场化模式（如委托治理或集中治理模式），因地制宜治理污染；三是采用税率调节手段，控制高能耗产品出口。

（二）实施循环经济发展战略

循环经济是以资源的高效和循环利用为核心，以"减量化、再利用、再循环、再制造"为原则，以低消耗、低排放、高效率为基本特征，符合可持续发展理念的经济增长模式，是对"大量生产、消费、废弃"的传统增长模式的根本变革。实施循环经济发展战略是实现绿色制造的重要内容。要在经济技术可行的前提下，采取经济、技术和管理等措施，不仅实现企业内部废物的循环利用，还要在可能的情况下实现企业间、行业间的资源、能源的合理配置和高效利用，减少废物排放和实施废物综合利用，延伸、衔接工业产业链，切实推进循环经济的实施。建立生态制造业园区是降低生产成本、节约资源能源消耗、提高生产效率、减少环境污染的重要途径，是将循环经济落到实处的重要措施。各地区应积极推进生态制造业园区建设，把有条件的企业联合起来形成共享资源和互换副产品的产业共生组合，使得企业的废气、废热、废水、废物成为其他企业的原料和能源，形成经济发展与资源环境相协调的良性循环。

（三）推行绿色制造技术，发展绿色产品

积极推广先进制造技术和清洁生产方式，提高能源、材料的利用率和生产效率，降低能源和污染物排放；在流程工业中，推广兼有"产品制造功能、能源转换功能、废弃物消纳和资源化功能"等三种功能的工艺流程；开发和推广高效、节能、少污染排放的煤电设备、工业锅炉、内燃机、电机、风机、水泵、变压器、电焊机、电炉、压缩机、空调设备、家用电器等量大面广产品；整合区域内（省、市及产业集聚区）铸造、锻造、热处理、表面处理四大机械基础工艺能力，建设专业化的基础工艺中心；通过法规、经济手段，加大淘汰高耗能、高物耗、污染严重产品的力度。

（四）发展各类污染防治技术及回收产业，重视"末端治理"

应当看到，循环经济虽然是与可持续发展相符合的科学发展理念，但其实现并不具有普遍性。循环经济能否实施很大程度上取决于当地的产业结构、企业构成、企业类型等多种环境因素，其实现需要较多的外部条件限制，距普遍推广还有相当大的距离。因此，就目前而言，降低制造业的环境污染仍需重视"末端治理"。公共财政要增加对环境检测、环境执法、环境标准制定等基础工作的投入力度，提高制造业污染防治共性关键技术和前沿技术的研发水平，积极推进污染物防治市场化运作，尤其要重视发展"静脉产业"，提高对各种废钢、废旧材料、废旧电子产品、废旧纺织品、工业生活垃圾等废弃物的回收利用，开发各类回收利用新技术，促进回收产业的发展。"静脉产业"的发展不仅可以有效解决环境污染问题，而且能够提高整个制造业的资源利用效率，同时随着新产业的发展可以形成新的就业途径。

四、实现服务增值

20世纪80年代初，国外的大型制造企业就开始实施由制造商向既提供产品也提供服务的服务商转变。经过20多年的努力，国际上知名制造企业，服务收入已占总收入的50%以上。我国一些先行企业也正在实施这种蜕变，如陕西鼓风机集团近年来的迅速发展，走的也是依靠"产品＋管理＋服务"的模式，正在逐步实现从产品制造商向系统集成和服务商的转变，2006年由系统集成和服务所实现的销售收入已占销售总额的58%。可见，数百年来以产品为中心的制造业也正在向服务增值扩展延伸。由单纯为客户提供物质形态产品，向提供包括越来越多非物质形态的服务产品方向发展。从卖产品、卖机器、卖零件、卖布料，转向卖设计、卖系统解决方案、卖服务支持，与此相应的制造业结构也从以产品为中心迈向既提供产品又提供增值服务为中心。这是制造业的历史性发展和进步，是制造业走向高级化的重要标志，而信息技术和高技术的应用为制造业服务内容的扩展和水平的提高开拓了广阔的天地。制造业主体增值部分由设备、工程、成套，扩展到概念创意、规划设计、管理维护、软件支持、战略分析、咨询服务等非物质型的高层次、知识型服务，从而导致制造业的内涵和结构发生了根本性变化。制造业要大力发展位于生产制造前、中和后端，与产品设计、制造、运行及"残骸"废弃物处置过程紧密相关的现代服务业。与制造业有关的服务业主要包括为用户提供服务的现代制造服务业、为制造企业服务的物流服务业和流通业。

（一）大力发展现代制造服务业

2002年中国机械工程学会年会在国内首先提出：当今的制造业正在转变为某种意义上的服务业，今天的制造应包括从市场调研开始到售后服务直到产品报废回收全过程，体现了全方位为顾客服务、为社会服务的精神，应高度重视培育和发展新型制造服务业。

现代制造服务是现代服务业的重要组成部分，是制造企业及独立专业服务机构。面对竞争日益激烈的市场，为提高制造企业的核心竞争力，现代制造服务应向用户提供以知识密集、附加值高为特征的服务活动。

对不同的产业，现代制造服务业的内容不尽相同。以装备制造业为例，包括以下10项内容：①产品设计、技术研发；②整体解决方案、工程总承包（或交钥匙工程）、设备成套；③节约客户资源的备品备件持续供应；④已有系统设备的升级改造；⑤已有系统设备的远程监测、维护与故障诊断；⑥产品报废回收及再制造；⑦现代物流服务；⑧设备租赁及其他金融服务；⑨人员培训、咨询与信息服务；⑩现场测试、维修及其他服务。

我国的装备制造业仍然处于以生产制造为主体的时代。按照价值分配曲线（著名的"微笑"曲线），生产制造环节处于产品生产价值链最低端，而为生产制造提供的售前和售后服务都处于价值链的高端。如果在同一坐标中再做一条资源消耗和环境影响的曲线，那么就可以明显地看出发展处于生产制造前端和后端的现代制造服务业的重要性。

大力发展现代制造服务业，是今后我国制造业发展的必然战略选择，也是调整优化我国产业结构，实现低消耗、低排放、高增值发展的必由之路。它不仅有利于提高我国制造企业的核心竞争力和发展空间，还将推动我国制造业实现从劳动力价格优势向创新能力和服务增值优势的历史性转变。

（二）制造企业实现物流业务外包，产业集聚地建立物流及配送中心

我国大部分制造企业仍处于"大而全""小而全"的运作模式，目前82%的原材料物流由企业自身和供应方承担；产品销售物流中，第三方物流企业承担的仅为16%。经济全球化、市场经济的发展和社会分工细化，迫使企业之间的竞争上升到供应链的竞争。因此，企业非核心业务需要有专业化的企业来承担。制造业物流是生产性服务行业的重要组成部分，是提高制造业核心竞争力的关键之一。要细化深化专业分工，鼓励生产企业改造现有业务流程，推进业务外包，加大物流业务外包比重，委托第三方物流公司承接企业物流业务，通过信息系统与物流服务企业保持密切联系，达到物流全程的管理和控制；或者把物流模块从制造业中剥离出来，成立第三方物流公司，从事物流服务。促进第四方物流的形成和发展，依托产业集群，建立以服务于制造业和产业集群的专业化物流服务中心，如材料配送中心、汽车物流中心、家电物流中心等，以及建立以集聚多种物流服务企业和多样化物流服务功能为基础的大型物流园区或物流服务基地已成为迫切之需。

（三）建立流通业与制造业和谐共赢的关系

流通业是服务业的一个重要领域，与制造业关系紧密。制造业负责产品的生产，流通业负责产品的集散和销售。在大多数情况下，流通业对制造业有着至关重要的影响。以我国纺织产品出口为例，我国纺织企业可以生产国际流行面料产品，然而受困于缺少国际渠道，没有能力向发达国家销售这些产品，因此企业利润只集中在生产加工环节，更多的利润被渠道商拿走了。我国流通业的发展整体上滞后于制造业的发展，大量国内制造企业面临产品销售渠道困境。此外，生产企业与流通企业关系长期不和，一些零售商凭借强势地位，通过收进场费、拖欠货款等手段挤压制造企业，扭曲了产品产销环节价值分配。这在家电行业反应尤为强烈，矛盾十分突出，家电制造商生存环境有待改善。如何进一步规范市场秩序，营造流通企业（零售商）和制造企业（供应商）的和谐关系，是我国市场经济体系中亟待解决的重要问题。

五、强调人才为本

我国制造业缺乏科技含量决定了其产品在国际竞争中的劣势地位。而企业中技能型人才严重不足，从业人员素质普遍不高、结构不合理是我国制造业缺乏科技含量、生产率低的致命因素。制造业所需的人员结构应该是金字塔形，广大的技术工人和操作员是基础，中部是具备创新能力和较高综合素质的研发、设计和管理人员，顶部是具有世界眼光的企业领导人和行业领导。

（一）培养更多技能型人才

随着制造业的快速发展，高技能人才逐渐成为就业市场的紧俏人才，制造行业岗位存在着严重的结构性矛盾，"有岗无人上，有人无岗上"的现象尤为突出。此外，我国制造业技术人才的需求和供给存在一定的矛盾，高校的人才培养模式和企业的需求脱节。高等工科教育与产业长期建立起来的联系被割断，教学内容脱离实际，学生实践课程少，动手能力差，导致供需出现"脱节"现象。

我国高等工科教育应面向社会实际需求，改革课程设置，加强实践环节，为人才成长打下坚实的基础；企业要形成合理的人才观，重视员工岗位培训，充分调动他们的积极性和创造性，对优秀人才要予以重点培养；政府则应合理配置教育资源，改变职教低人一等的观念，大力发展职业教育；全社会要形成"人人皆可成才"的氛围，改变不合理的用人观念，走出片面追求高学历的误区，力争使全社会人力资本达到合理配置。

（二）加大对创新型人才的培养力度

对于创新型人才的培养，高等院校需与企业、科研院所加强合作，实施创新人才培养计划，联合培育一批年富力强、具有创造性的中青年科技人才，特别要培养重大装备研制和系统设计的带头人才。

需要在经费上支持自主创新课题和自主集成创新重大项目，鼓励不同专业人员进行跨学科、跨行业交流，支持不同形式的国际交流、培训和合作研发。并将品德、知识、能力和业绩作为衡量人才的主要标准，而不是论文的数量。此外，国家应对国有单位包括科研机构、大学、企业等建立规范的薪酬制度，坚持绩效优先、兼顾公平、重贡献、重实绩，向优秀的创新人才和关键岗位的高级技能人才倾斜，鼓励敬业、创新、创业。

（三）注重培养制造业经营管理人才

我国制造业缺少参与国际竞争的"航空母舰"，缺乏国际经营经验，除需要大批高水平的创新人才、熟练掌握先进技术的高级技能人才外，还需要大批熟悉国际、国内市场，具有现代管理知识和能力的企业家、专业的营销人员及既精通技术又有营销和管理经验的高层次复合型人才。

为引领我国制造业更加具有国际竞争力，在建立完备的制造业培训体系中，实施企业经营管理人才培养行动计划，以提高市场开拓能力和现代化经营管理水平为重点，培养一批能带领制造企业走向世界的高级管理人才，而不是教条式低水平的工商管理硕士（MBA）教育。同时加大吸引国际优秀人才为我国制造业服务的工作力度。在重要岗位公开招聘国际一流管理及营销人才，实行国外人才国内兼职等新制度。我国要发展成为全球制造中心、创新中心，就必须积极开发制造业人力资源，发挥社会所有成员的潜能，提高制造业的科技含量和工作效率。

改革开放 40 年来，随着国民经济的持续高速增长，中国的制造业发展迅速。尤其是进入 21 世纪以来，国际、国内的有利环境促使了制造业更为快速的发展。很多制造业产品的实物量已居世界首位，其中钢铁、水泥等资源类产品和服装、玩具等消费类产品的产量已占世界总产量相当大的比重。产品的技术水平也有较大提高，少数产品的质量已步入世界先进行列。然而，当前制造业的发展也存在若干问题，主要表现在：不少产业产能严重过剩；产品的实物量增加过快，而价值量增长相对滞后，工业增加值率始终徘徊在 25%~26%，远低于发达国家；产业结构不合理，高耗能、高污染的重化工业发展过快，承接国外转移的低附加值产业或环节比重过大；市场对外依存度高，抗风险能力差；技术创新体系尚不健全，产业基础薄弱，产业技术尤其是高端技术主要依赖国外；制造业与流通业以及整个服务业的关系尚未理顺。总体上，目前我国制造业仍然沿袭着过度消耗资源和依靠廉价劳动力支撑的传统发展模式，距离真正贯彻落实科学发展观、转变发展方式、提高发展质量差距尚远。

要基本完成工业化、实现全面建设小康社会奋斗目标，制造业仍将是支柱和主导力量。中国制造业的发展处在工业化和工业现代化的特定国情背景下，同时又面临着金融危机给国际政治经济环境所带来的深刻变化。基于这一前提,中国制造业的可持续发展应具有三方面含义:制造业在持续起到支柱产业作用的同时,要适应经济社会发展的合理需求;制造业的发展必须符合资源环境的制约要求;依靠技术进步和劳动者素质的提高是制造业实现可持续发展的基本途径。

(1)未来制造业仍将保持较快发展,但增速将逐渐放缓,并与经济总量增速趋平。据测算,未来10年中我国制造业的平均增速应在9%,且制造业占国民经济总量的比重不会再有大幅度上升。第三产业的增速将逐渐超过第二产业,同时将从制造业中进一步分化出制造服务业。

(2)经济全球化深入发展决定了中国的制造业将更加紧密地融入国际大环境之中。中国制造业将逐步改变处于国际分工低端的现状,不断提高高附加值产业和环节的比重。国际合作和国内、国际互相渗透将更加深入,制造业产品在保持一定国际市场占有率的同时,将更加注重品牌和质量的提升,经济的对外依存度将逐步降低到合理范围内。

(3)从需求角度分析,随着金融危机后经济社会发展方式以及人们生活方式的改变,对制造业产品的需求总量和需求结构都将发生变化,非化石能源、生物技术、智能网络等新兴产业会有较快增长,而受市场容量限制,大部分传统制造业产品的实物量不会继续过去10年的高速增长。同时,随着城市化进展的加快和新农村的建设,国内的城乡市场会有较大发展,在一定程度上将弥补金融危机对国际需求造成的冲击。

(4)未来制造业的增长应当主要依靠价值量的增长,制造业的工业增加值率应有较大幅度提高,达到30%以上。造成当前增加值率低的因素主要有两方面:一是劳动价值含量低;二是技术含量低。

在劳动价值含量方面,我国劳动报酬在产品成本中的比重远低于发达国家,目前靠压低劳动者报酬、大量生产廉价产品并销售到国外的道路已接近极限,在把高额利润拱手与人的同时还引发了大量国际贸易争端。这条道路也与制造业要加大人力资本投入不断提高劳动者素质,提高劳动生产率的要求不符。在技术含量方面,尽管有些制造业产品本身的技术水平和技术含量并不低,但由于我国承接的制造部分处于全球价值链的低端,或者由于我国企业的产品中核心技术与核心部件多数从国外高价购买,我国的制造业增加值甚低。

(5)从我国实际情况出发,单纯依靠制造业不可能从根本上解决就业问题。只有在提高劳动生产率的同时,大幅度提高劳动者收入,才有可能扩大居民消费,生活服务业和教育、医卫业也才能得到大力发展。在美国等发达国家,生活服务业是最大的就业渠道。在我国,虽然目前劳动者收入被压低、不少地方服务业的经营还未放开,但是仅批发零售业和餐饮业的就业人数已相当于制造业的80%。因此,大力发展生活服务业不仅直接关系民生，还是最终解决我国就业问题的主要途径。在发展生活服务业的同时，还要大力发展生产性服务业，尤其是其中的制造服务业。

6）提高制造业的技术含量要解决两方面问题：一是建立合理高效的创新体系；二是建立强大的工业基础。

国家提出要建立以企业为主体，产、学、研相结合的技术创新体系，但是对主体的含义并未明确，对产、学、研三方各自的作用、结合的动力和方式均未阐明，对创新活动的政策引导和奖惩、考核力度还远远不够。尽管近年全国科技投入经费有较大增长，但效果主要表现在论文数量的增长，而对经济的推动作用并不明显；同时科技经费的管理效率低、管理成本高也是突出问题。随着各行业研究院所的转制，产业基础和共性技术研发平台的缺失已成为技术创新体系中突出的问题。由于中国绝大多数企业还没有强大到足以支撑起本领域的基础技术研究，广大中小企业更是缺乏技术服务平台，因此共性技术的缺失无疑严重影响了产业的技术进步。

我国在工业和制造业的发展中一贯重产品轻工艺、重整机轻配件、重生产轻基础、重硬件轻软件，对整机及成套设备肯下大功夫去研究，但对支撑产品的工业基础，包括设计、材料、零部件、工艺、检测、标准、共性服务平台及人才等，由于体制、观念、利益等原因往往被忽视，因此表现出重大轻小、重表观轻内涵、重名声轻实效。目前，我国的工业基础仍然薄弱，难以支持工业健康发展，以致在基础方面不得不受制于人，如再不引起重视，将是制约制造业进一步发展的重要因素。

（7）结构调整是推动制造业可持续发展的关键。结构调整既有生产关系方面的因素，如劳资在分配中的占比、税率及税收分配、人力资本投入的比例等；又包括生产力方面的内容，如产业结构、产业内部组织结构、产品结构等，需要综合分析、规划、逐项落实。

生产关系方面，应加大人力资本投入比重，大力加强教育和培训，提高劳动力素质；同时应改革分配体系，提高劳动在价值创造中的比重。

生产力方面，促进产业结构优化升级应具体表现在三个方面。一是产业结构合理化。要保持轻工业占适当比例，霍夫曼比例不应再下降。严格控制高耗能、高污染行业的发展，而机电产品制造业，尤其是装备制造业比重还将进一步提高，同时各行业大力提倡节能降耗，产品结构中也应逐步调整为以节能降耗产品为主。二是产业结构高度化，即逐步加大高技术产业比重。同时对企业和地区都应考核工业增加值率和研发投入强度，促进真正意义上高技术产业的发展。三是产业组织结构优化。制造业应通过资源整合、强强联手等方式由大变强，以提高国际市场的竞争力。

（8）中国工程院 2002 年《新世纪如何提高和发展我国制造业》的咨询报告中提出了工业文明问题。但近年来，这一问题非但没有引起重视，反而有越来越多违背工业文明的现象出现。因此必须重申，并大力呼吁全社会予以关注。

工业文明是由农业社会向工业社会、现代社会发展中逐渐形成的道德文化基础，是工业化过程中必须营造的社会氛围。其含义不仅指分工细化基础上的社会化大生产，而且包含依靠公平的市场竞争促进经济发展和社会进步，并以健全的市场规则和诚信体系为保障条件。

我国现在无论在个人尽职尽责方面、协同合作方面、有序竞争方面，以及遵纪守法等方面均与工业文明的要求相差甚远。

（1）转变发展观念，从主抓实物量的快速扩张转到重视制造业的发展质量，着力于制造业价值量的提高，着重提高价值创造中劳动含量和技术含量的比重。具体为：①建立价值量考核指标体系并实施；②大幅度提高劳动者报酬；③提高产品档次；④从加工组装环节向两端高附加值环节延伸。

（2）建立符合国情的技术创新体系。①明确政府和产、学、研各方的作用和任务，建立鼓励产、学、研相结合的政策法规体系；②梳理已引进的大量装备和生产线，对有价值的立专项、拨专款组织消化吸收再创新；③将已转制行业主导研究院所从国资委中划出，转由行业主管部门或协会管理，以之为依托重建行业基础技术研究单位和公共服务平台；④建立技术中介机构，引导组织大量中小企业参与技术创新。

（3）大力调整产业结构。①完善落后产能退出机制，加速淘汰落后产能；②加快发展包括高技术产业在内的技术密集型产业，提出研发投入强度指标要求并认真考核；③大力推动新兴战略性产业发展；④用高新技术和先进适用技术提升传统产业，同时妥善处理技术密集型产业与劳动密集型产业之间的关系，使之协调发展；⑤合理规划产业布局，推动产业组织调整，鼓励企业跨区域、跨部门、跨行业兼并重组。

（4）充分发挥制造业在整个国民经济中的作用，理顺制造业与流通业的关系，建立完整的产业链，打破内外贸界限，建立统一的生产流通贸易体系。以需求为龙头，大力发展制造服务，同时以制造业为核心带动服务业（包括生产服务和生活服务）的发展，提高整个产业链创造价值的能力，大力促进就业问题的解决。

（5）把建立工业基础作为一个重大领域，统一规划，下分材料和零部件、制造工艺、仪器仪表、检测和试验环境、标准和标准化等几个方面来抓。要看到我国很快将从工业化中期进入后期，各种产品、装备均要提高层次，如果没有强大的工业基础，工业化不可能真正完成。即使在工业化基本完成后，还要实现现代化，而制造业仍是国民经济的支柱、社会发展的物质基础，虽然比重可能有所下降，但是重要性丝毫没有削弱，并且水平要更上档次，更需要有坚强的基础做支撑。

（6）大力培养人才。要分析制造业对人才的需求结构，有针对性地培养大量实际需要的人才，包括技术工人、工程师和技术员、管理人员。人才培养过程要理论联系实际，产、学结合，人才应具备相应的知识、能力和品德，要突出能力主导。在全社会大力宣扬"人人皆可成才""行行出状元"的观念。

（7）工业文明是从上层建筑、制度法规层面实现工业化的必要条件，其中大量涉及道德行为领域。如果说工业基础属于物质方面，那么工业文明则是精神方面的基础。建立工业文明需要全社会共同努力，尤其是社会领域，但制造业（包括生产和流通）本身是行为主体，应该从自身做起，为创建工业文明做出应有的努力。

基本实现工业化只是解决了工业发展及与之密切关系的城市化在国民经济及社会中应有的地位和作用，但并不是终结了工业的发展。我国已提出了在21世纪中叶，即2050年基本实现现代化，实现民族振兴的伟大目标，而工业的继续发展、工业的现代化则是国家现代化中极为重要的部分。因此，在今后几十年中，我国的工业仍将继续发展、提高。制造业将为经济社会各行各业提供更多更好的装备，为民众提供更多更好的产品，也将与世界各国进行更多的商品交换。在此过程中，不断提高制造业的价值含量，提高产品的技术档次，从部分先进到整体上进入世界先进行列，为人民、为社会造福。只有这样，才能真正从制造大国变为制造强国。

第二章　制造业数字化转型概述

第一节　数字化转型的意义

一、数字化转型的四个推动要素

人口红利趋于消失、消费升级、生态保护监管加强、新技术快速更迭是企业数字化转型的四个推动要素。

（一）人口红利趋于消失，创新发展成为必然

近年来，我国人口出生率连续下降，人口结构老龄化的趋势日益明显，劳动力供给不足，人口红利趋于消失。这给企业带来的最直接影响就是用工难、用人成本不断增加。

这一形式迫使企业寄希望于利用新型的数字化技术进行创新和变革。各行各业都在这方面做了非常多的尝试，且取得了一定的成效。比如，用工业机器人取代人力，执行一些劳动强度大、高危、程序化的工作；用 RPA 智能机器人取代一些有规则、高度重复、低价值的人工劳动；用数据智能和人工智能等新技术提升效率，节约人力成本。

企业利用新技术进行创新和变革，本质上就是在进行数字化转型。数字化转型的核心要素是技术和数据，以建设数据中台为代表的数字化解决方案是企业转型的最佳选择。企业在日常的经营中，在产品生产、销售、运营、服务、用户等方面积累了大量的数据，可以利用数据智能技术将内外部数据打通，建立数据流通机制，随时支持前端业务部门的需求。数据在企业内部实现自由流通和智能化应用，会不断激发员工在数据应用方面的创新，挖掘数据背后隐藏的用户需求和新商机。

（二）市场供大于求，推动消费升级

随着我国居民可支配收入的增加和经济的发展，消费者的选择变得越来越丰富。

消费者在选择商品时也变得更加理性，他们不仅关注商品质量、价格，还关注商品背后的品牌实力，以及售前、售后服务等用户体验。很多消费者不再满足于享受标准化的服务，而是更倾向于那些个性化、定制化的服务。

以上这些都是消费升级的表现。消费升级的背后是市场供大于求，参与市场竞争的主体越来越多，改变了传统的供求关系。

消费升级打破了企业传统的制胜方式。过去，企业通过大规模、标准化、批量化、自动化的生产便可满足市场需求；如今，这种经营模式已不能满足消费者的个性化需求。越来越多的企业开始思考如何为消费者提供个性化、定制化的商品和服务。针对这一诉求，企业可以通过两种途径入手：第一种是提供的产品和服务不变，利用更精细化的数字化营销方式获得用户增长。企业可以通过构建用户画像，快速找到目标用户，将产品精准地推销给用户。第二种是以用户为中心重构企业的产品开发和创新模式。通过大数据分析更深层次地理解用户需求，基于不同用户的画像，匹配不同的产品和服务，让企业立于市场竞争的不败之地。这种方式实质上是以数字化的方式改造产品，因此可以为用户提供更精准、更契合需求的产品和服务。

另外，企业还可以将数字化能力运用在生产流程、运营效果、管理质量等环节，从而在整体上实现数字化转型。

（三）生态保护迫在眉睫，企业亟须转型

曾经，"先污染，后治理"成为国内部分企业发展的"捷径"。某些企业为了"求发展"而牺牲环境，譬如滥采乱挖造成工厂周边环境污染，工业废渣造成河道重金属淤积。中国因此经历了资源约束趋紧、污染排放严重、城市环境过载、产业层次偏低的发展阶段。

近年来，中央和地方政府不断提高对环境保护的要求，过去粗放式的发展理念已被彻底否定，企业需要对生产、流通、分配、消费等过程进行合理谋划，以科技创新为重要支撑，推动传统产业转型升级，从而实现可持续的绿色发展目标。

靠牺牲环境换取发展的老路已经走不通了，企业面临新的挑战。企业若想长久发展，必须紧跟国家政策走向，往生态保护方向行进。在这个过程中，离不开技术和创新这两大力量。而通过技术和创新谋求发展也是数字化转型的目标。

通过数字化转型，企业转变运营模式，实现"环保经营"。一方面，企业可通过数字技术实现精细化运营，减少浪费，利用数据中台构建数据采集、传输、存储、处理和反馈的闭环，打通不同层级与不同部门间的数据壁垒，建立全域数据中心，发现各个环节中可精细化运营的模块，运用以前同样的生产材料生产出更多的成品，从而实现智能化运营和管理。另一方面，企业通过数字技术精准预测商品的销量，实现"以销代产"，减少库存积压。

企业还可以将数字化能力扩展到业务生态调整、技术更迭、产品创造、品牌创新等方面，挖掘更多精细化运营的可能，并以此提高企业整体的运行效率和收益。数字化转型不仅是企业顺应环保时代发展的明智选择，也是企业获得长久发展的核心。

（四）新技术促进企业数字化转型

数字化技术为传统企业进行数字化转型提供了条件，技术条件成熟为企业改变业务模式奠定了基础。

无论是企业内部的多部门协同发展，还是外部销售网络的搭建和市场营销精准落地，甚至是提升客户体验，商业决策和执行过程中的每一个环节都和新技术背后的数字化能力息息相关。

1. 基础设施建设完成

企业已基本完成以操作系统、应用软件、网络／通信、数据管理为代表的 IT 基础设施建设。这些基础设施的配备可帮助企业实现数据互联互通，为企业进行数据挖掘与分析提供了强大的环境支持。

2. 海量大数据蕴藏巨大商机

随着移动互联网等新技术的应用，从个人消费端到企业产品端，再到工业生产端，产生的海量数据为社会活动和经济发展带来了巨大的价值。人类近几年采集的数据量是过去几百年的总和，不同维度的数据均能被获取，这为制造业的数字化转型提供了丰富的数字资源。

3. 物联网、云计算基础技术成熟

物联网、云计算等技术与实体经济深度融合，物联网在企业的各个生产环节的渗透催生了大量数据，存储和分析这些数据不仅要考虑数据的处理速度，还要考虑数据的时效性和敏感度。云计算能帮助企业处理各个场景中产生的数量，动态提供存储、计算和网络资源，且响应快速，云计算技术是企业数字化转型的基石。

二、苟且红利——数字化的最大红利

从前，大部分企业主要依靠开放市场的红利生存。一些胆子大的人率先抓住机会，提高市场占有率。但在近 20 年内，人力、资源等生产要素都在快速变化。甚至这些变化将在近几年达到极点，过去那些依赖开放市场红利得以生存的企业仍未创新，还在以传统方式运营。这些企业体量大、运转缓慢，虽然表面看起来仍然占据行业领先地位，但实际上市场份额在慢慢衰减。只不过在一定的时期内，这些企业还可以继续维持。

企业运营管理时常会用到一个公式，即人力成本＋资源成本＋其他成本＝总成本。

如今，人力成本不断上升，企业使用的资源成本也在上升，如果还用以前的方式经营，那最后的利润很可能变为负值。在这种情况下，市场会形成一个巨大的商业机会，即用新的方式变革已经获得商业成功的模式。

变革方式有两种。一种是创业公司运用更新的技术方式，提高效率，降低人力和资源成本，实现盈利，成为行业新巨头；另一种是传统企业进行二次创业，运用数字化转型改造自身，从而让企业获得新生。

不论是创业公司颠覆行业，还是传统企业进行二次创业，本质上都是运用数字化的方式降低人力和资源等成本，提高效率，实现盈利。其中蕴藏着一个巨大的红利，即"苟且红利"。

"苟且红利"是经济学家何帆提出的概念，意思是虽然看起来所有人都在做事，但是其中有大量苟且者，你只需比他们勤奋一点，便能享受到那个红利。那些仍然依靠过去单一的模式盈利、不思变革的企业就是苟且者。而敢于创新、善用新技术的企业便可以运用数字化的方式获得市场先机，挖掘"苟且红利"。

每个行业都存在巨大的"苟且红利"，都值得运用数字化技术重塑商业模式。"苟且红利"是企业数字化转型的新红利，也是转型带来的最大红利。企业通过数字化转型可以运用新技术从别人不易察觉之处发现商机、精准定位、快速行动，并长期耕耘。具有远见卓识的企业家可以带领团队进行二次创业，从而站上整个行业的利润之巅。"苟且红利"可以帮助老牌企业在数字化浪潮中维持或跃升到行业老大的地位。

对于那些刚进入行业的新企业来说，它们既面临老牌企业的竞争压力，又面临生存压力，所以更容易发现该行业的"苟且红利"并可以轻装上阵，打造高效的数字化能力，进而颠覆整个行业。

第二节　数字化颠覆传统行业的三种方式

不论国内还是国外，数字化转型早已成为企业共识，数字化颠覆传统行业的案例不断上演，激发了更多企业数字化转型的热情。本节将从战略、效率和用户体验三个维度详细分析数字化是如何颠覆传统行业的，并谈谈数字化转型的误区。

一、战略上颠覆传统行业

从战略上颠覆传统行业，重点是企业对商业模式的变革，即数字化转型的结果是企业重构自身商业模式。以国云数据的一个客户为例，该公司是行业知名零售企业，长期是行业第一，但该企业作为品牌商，只能通过供应链和经销商将自己的产品卖给

C 端用户，且只能售卖自家的商品，也无法直接获取用户数据。但当该企业将以前的商业模式变革为 S2B2C 的数字化模式，从品牌商变身为平台商后，商品销量大大提升。这次商业模式的变革完全构建在数字化能力之上，我们称之为数智商业。

从商业模式上（或战略上）颠覆行业不仅需要企业具有强大的行业沉淀及资源，还需要强大的数字化能力储备，所以很多企业在尝试，但效果不一定好。因此，从商业模式上成功变革传统行业的案例并不是特别多。

二、效率上颠覆传统行业

企业除了可以在战略上颠覆商业模式，还可以从效率上实现数字化转型的目标。从效率上颠覆传统行业着重点在于效率变革，其结果是产品和战略（商业模式）在不变的情况下，企业进行效率上的变革。现代管理学之父彼得·德鲁克说过："成本降低 30% 以上就是颠覆。"

企业想从效率上颠覆传统行业，一方面可以从效率提升的角度入手。某零售企业日常运营会历经流量、用户、商品服务、工厂生产、仓库物流等多个环节，每一个环节又涉及多个维度的运营内容。提高单个环节的效率并不会影响整体的效率，只有每一个环节的效率都得到提升，才会影响整体的效率。

正如流量 × 用户 × 商品 × 生产 × 物流 × 其他 ＝ 效率这一个公式所展现的，企业在每个环节提升的效率假如都是 1.1，那么 10 个环节的整体效率将提升 2.56 倍。而企业将某个单点环节的效率提升到 1，整体的效率仍为 1。可见，每一个环节都提升了效率和只在单个环节提升效率对整体的影响区别较大。

另一方面，可以从成本降低方面谈起。企业成本包含获客、交付、生产等多个环节的成本。假如企业的某一款产品的成本是 10 元，10 个环节中每一个环节都降低 1%~10% 不等的成本，若每个环节都降低了 0.1 元的成本，那最终整体的成本可能会降到 9 元，成本低的企业在激烈的市场竞争环境下更容易突出重围，建立核心竞争力。

因此，企业可以从运营角度出发，提升日常运营环节的效率及市场竞争力。

实际上，从效率上颠覆传统行业的案例不胜枚举。企业运营链条上的任何环节都可以提升效率，从而颠覆整个行业。

以销售环节为例，以前销售通过上门拜访和电话拜访的方式推销商品，假设约见了 10 个客户，但是可能 8 个没有需求，销售过程也是按照套话销售，最后成交了 2 个。如今，企业利用数字化工具对客户生成画像，这些画像可以帮助销售提前了解客户需求，并为其提出有针对性的解决方案，在销售上门拜访时可以凭借这一方案高效洽谈，提高获客率。假设同一个销售，在能力不变、动力不变、工作时长不变的情况下，同样是见到了 10 个客户，但这 10 个客户是公司中台通过分析，精准预判出大概率有成交意向的，10 个客户中有 8 个有采购需求，并且销售利用公司提供的数字化工具给客户出具个性化方案和咨询式服务，而不是标准化销售套路，总共成交了 7 个。这样看来，在各种条件不变的情况下，销售在没有数字化赋能的情况下成交了 2 个，在数字化赋能的情况下成交了 7 个，一个销售角色的能效可以提升 3.7 倍。

企业除了在获客方面可以提高效率外，还可以在交付、生产等其他环节沿用此法，从而提升整个环节的运营效率。

公司里不同环节，不同角色，都可以通过数字化赋能大幅提升效率。当多个环节的效率都比行业高时，就获得了数倍于行业传统的效率，可以颠覆其他同行。

总之，企业不仅可以从战略上颠覆传统行业，还可以从自身运营的不同方面提升各自的效率，在整体上实现增效的目标，提升市场竞争力。

三、用户体验上颠覆传统行业

从用户体验上颠覆传统行业，其重点是在商业模式和运营效率变化不大的前提下，着重提升用户体验，进而占领大量市场份额。

市场上供大于求的现象普遍存在，消费者选择过剩，因此更加关注用户体验。

什么是好的用户体验？

在你需要它的时候，它会立刻出现在你面前，这便是好的体验。

例如，移动支付所提供的产品和服务与银行的相同，但移动端的便捷性颠覆了信用卡支付和现金支付的方式，由此颠覆了整个银行业。

再如，某些电商或物流公司可以做到包裹次日达、当日达，所以虽然单价比其他平台略高，但用户更愿意选择该公司的服务。这项服务的达成依靠的是大量的数据智能技术。在线下，货物不在仓库内，便不能购买和配送。而数据智能技术可以帮助零售企业随时获取货物位置，重新编排物流路线，通过数据智能技术降低货物的周转率。很多用户正是因为收货快的特点，选择购买拥有次日达服务的商品。这也是从用户体验上颠覆行业的又一个典型案例。

从用户体验上颠覆传统行业，极大地降低了企业的获客成本，也降低了用户的流失成本和用户增长成本。因此，企业可以聚焦于如何为用户提供良好的体验服务，从而颠覆整个行业。

那么，好的用户体验具有什么样的价值？

消费者在选购商品时，可以体验到商家为其设置的一些人性化服务细节，企业可以通过这种方式将企业价值进行柔性传递。

如今，良好的用户体验成为一种新的营销模式，可以为企业带来更高的商业价值。

企业给用户提供良好的体验，不仅要拥有互联网表象的产品和服务（如各种

APP），还要拥有过硬的数据智能技术。

　　然而有些企业在拥抱互联网时，只意识到要开发"冰山"上层的各种应用，却没有意识到"冰山"底层存在着大量的数据智能技术，而这些技术才是决定企业能否为用户提供良好体验的核心。

　　以淘宝为例，当初在淘宝工作时，会和团队就消费者不同的使用习惯、不同使用时间、不同使用地域进行智能化处理，尽管用户会觉得淘宝主界面很多年都没有太大变化，但不同的用户看到的界面是不同的，这就是"千人千面"基于淘宝团队的数据智能技术实现。

　　随着技术的更新与迭代，未来每个行业的用户体验都可能有大幅提升，其中孕育着大量颠覆行业的机会。

四、数字化转型的两大误区

　　提到数字化转型，一部分企业认为只要正确使用合适的 IT 技术，就能完成转型；一部分企业认为数字化转型只需要对商业模式重构，是否引入新技术并不重要。这两种认知都是以偏概全，是数字化转型过程中常见的两种误区。

（一）数字化转型是技术驱动的

　　许多企业认为数字化转型是技术驱动的，事实并非如此。虽然技术在企业数字化转型过程中起着重要作用，但是这并不能说明企业只需要正确运用技术，就可以实现数字化转型。

　　无论是工业时代、信息化时代，还是数字化时代，变革和发展都是由大量社会需求驱动的，这些需求代表着广大用户的利益，也说明了商业的本质是理解用户。企业若要理解用户，便需要从用户角度出发，基于数据洞察用户，为用户提供个性化的产品服务。

　　那么企业如何洞察用户呢？它需要将数据应用于研发、生产、营销等各个环节，完全依赖数据进行智能决策。而这也是数字化转型的实质。因此，数字化转型是用户驱动的。

　　另外，当用户体验到更多个性化服务后，会对企业抱有更高的期待。如果一家企业无法满足用户的需求，那么用户便会选择另一家能够提供服务的企业。最真实的案例便是银行，过去大家普遍会去银行柜台办理业务，但如今，更多人习惯了在手机上办理某些业务，这便是用户对银行的数字化转型提出了更高要求的表现。如果银行无法及时满足用户需求，将会面临倒闭风险。

　　这将会促使银行从用户角度出发，进行数字化转型。因此，数字化转型是用户驱动的，而不是技术驱动的。

面对用户的个性化需求，企业需要对用户进行分层、分群、分类，为不同的用户在不同的时间提供不同的产品。做到这一点对于企业来说至关重要，尤其是TOC企业，它们虽无法为海量的客户提供一对一服务，但通过数据分析为用户画像，可以精准了解用户的需求，快速为用户提供相匹配的服务。这便是企业以用户为中心提供产品和服务的必要性，也是驱动企业数字化转型的关键。

商业的本质是理解用户，其核心是创造价值、传递价值。企业只有深度理解用户，才能挖掘到商业的核心。

（二）数字化转型仅指商业模式的重构

有的企业认为数字化转型仅是战略问题，是商业模式的重构，这种观点是片面的，没有完整概括数字化转型的实质。

市面上很多理论都在讲数字化转型是什么，其中列举的例子大多是商业模式的重构，即战略颠覆，如滴滴和Uber等。但事实上，除了可以从战略上颠覆，还可以通过提升效率和用户体验实现转型。

我国互联网技术发展迅速，商业模式变革创新的机会大多数被拥有互联网技术的企业先行进行了各种尝试。对于传统企业来说，从商业模式变革方面入手，成功转型数字化的机会并不是很多，且企业适不适合从商业模式上变革传统行业还需要具体分析。另外，在过去的十几年中，传统行业能够变革商业模式的领域都已被颠覆。

很多人认为数字化转型只适合那些存在商业模式转变机会的行业。但其实，商业模式变革只是数字化转型的一种方式。企业如果只考虑依靠商业模式的变革实现效益目标，实现难度较大。因为，有些行业的商业模式已经成熟且没有可挖掘的空间，这时可以通过提高效率或者提升用户体验达到相同的目的。

第三节　数字化转型的紧迫性

数字化转型已成为一股势不可当的浪潮。"新基建"的大力倡导和2020年突如其来的新冠肺炎疫情也在推动企业立刻进行数字化转型。

数字化加速了行业更迭，产生新的服务模式和运营思路。

数字化动摇了固守原地的行业老大，孵化新的行业巨头。

数字化推动了行业创新，打破竞争格局，诞生行业新秀。

无论数字化转型浪潮对行业有何影响，企业都需要了解数字化转型形势，明晰当下数字化转型的利弊。

因此，这一部分将首先详细阐述企业数字化转型的必要性，然后明确指出企业数字化转型的时间，以便让不同的企业把握数字化启动的时机，从而事半功倍，并提供各行业数字化转型的参考时间，以便让读者深入了解企业数字化转型的紧迫性。

数字化给各行各业带来了巨大的变化。本节将从数字化加速行业迭代、催生新的行业巨头和行业新秀这三个方面佐证企业数字化转型的紧迫性。

一、数字化加速行业迭代

如今，大多数人足不出户便可以购买到生活必需品，微信、在线视频等通信和娱乐应用层出不穷，不断满足人们精神生活所需。互联网已全面渗透人们的工作和生活。

（一）数字智能涌现，加速行业淘汰

依靠数字技术推动关联产业的发展，以崭新的方式满足人们对美好生活向往的需求，这便是数字智能的目标。

数字智能体现在我们生活的方方面面，也意味着行业的快速迭代。如今，创新颠覆传统屡见不鲜。如收费站收费员逐渐被电子收费代替，无人银行的出现令众多曾经抱着"铁饭碗"的银行职员忧心忡忡，无人超市令一批批导购和收银员面临失业，电话客服正慢慢被智能机器人替代等。

（二）数字化企业领先行业

数字时代，数字化能力已成为企业的核心竞争力，各行业正在掀起数字化转型的浪潮，其中互联网、媒体、金融、政府相关部门、资本密集型行业是数字化转型的排头兵。中国飞速发展的市场孕育了巨大的消费潜力，吸引着国内外企业的目光，但并不意味着所有的企业都可以从中获益，只有积极拥抱数字化的企业才能实现行业领先。其中既包含以数字化技术作为立身根本的新锐企业，也包含积极投身数字化转型的传统老牌企业。

数字化时代，首先获利的是那些以数字化技术立身的新锐企业。相比传统企业，这些企业会更积极地部署数字化技术，以拓展业务能力，从而快速占领市场，这类企业的发展速度远远超出行业平均水平。如调味食品、营养品、饮料、彩妆行业的新锐品牌在 2019 年"双十一"期间的 GMV（一定时间段内的成交总额）的平均增长率，分别比整个行业的平均增长率高出 8.5 倍、13 倍、15.9 倍、3 倍。另外，数字化技术赋能企业的增长也将提升周边企业数字化转型的积极性。

积极投身数字化转型的传统老字号企业的增长率也领先于其他企业。例如，在 2019 年"双十一"期间，调味食品的行业平均增长率为 22%，而某积极推进数字化转型的传统老字号企业的 GMV 增长率为 41%，是行业平均水平的 1.9 倍；某营养品的行业平均 GMV 增长率为 17%，而某积极推进数字化转型的老字号企业的 GMV 增长率为 31%，是行业平均水平的 1.8 倍。

二、数字化催生行业新巨头

以提高效益、降低成本为目标，快速且成功地实现数字化转型是企业所期望的。为了实现这一目标，企业会投入非常多的精力和财力。随着各企业转型的逐步推进，行业内必将产生新的巨头。

企业要想发展成为行业的巨头，必须经过数字化转型。在转型过程中，战略战术转型、业务模式转型、运营方式转型以及组织结构转型都至关重要。以金融行业的银行数字化转型为例，某国外银行的数字化转型便是一个成功的典范。

某国外银行的数字化转型经历了并购整合、卓越运营、数字化和全渠道三个阶段。

首先，该银行与隶属不同业务领域的其他银行合并，扩大了客户覆盖范围，改善了多渠道的服务理念。同时以扩大经营规模、降低成本模式，将数以百万的客户转移到统一的 IT 平台，实现了数字化转型的第一步。

其次，该银行改变了原有的服务模式，运用了标准化的"直接至上"服务模式，将大部分业务流程进行重新设计和优化，使得日常业务变得更加简单、便捷、透明，产品的供应方式也更加合理。

最后，该银行以"提供数字化创新产品服务"为核心理念，制定了独特的全渠道体验，团队采用敏捷工作方式，实现了不同渠道之间轻松转换，达到万物数字化以及产品、服务更具个性化和贴和性的效果。

在整个数字化转型的过程中，该银行在提高效益的同时大大降低了人力成本。

如今，该银行业务覆盖全球，分行遍布数十个国家，在全球金融领域成为新一代银行巨头，其数字化转型路径和方法成为全球金融企业的范本。

纵观历史发展，每一次巨大变革都会诞生一批行业巨头，而之前的行业老大会因为固守原地、无法顺应时代发展而退出历史舞台。

三、数字化转型催生行业新秀

数字时代，数据处理技术得到了空前的发展，数据成为企业之间竞争的核心资源。企业将通过数字技术占据更多的市场份额，积极推行数字化转型必然会提高市场竞争力，也将打破传统的竞争格局，甚至带来新一代的行业新秀。

传统消费市场中，企业服务种类繁多，大有"百家争鸣、百花齐放"的态势，同时在同一服务类别（俗称同行）之下的企业数目庞大，竞争激烈。例如，在互联网行业，许多以研发、营销为目的的游戏品牌技术水平相近，实力差距较小，很难在激烈的竞争中脱颖而出。

如今，企业可凭借深厚的数据资源及技术实力加快数字化转型的步伐，研发满足用户需求的产品，抢先一步占领消费市场，从而打破竞争僵局。数字技术的发展会鼓励那些擅长创新的人才或创业公司参与市场竞争，蜕变为行业新秀。在市场监管下，这些新秀会通过让利等手段占据一定的市场份额，甚至为消费者提供免费的产品和服务。为了保持市场份额，这些企业会定期加大研发力度，优化产品和服务，保持创新力。

总而言之，数字化转型会促使企业运用新技术提高产品质量和服务水平，提升行业创新能力，从而带来一批行业新秀，转变市场竞争格局。

第四节　加速数字化转型的原因

在第一节，我们分析和梳理了推动企业数字化转型的四大要素，我国正在大力倡导的"新基建"成为推动企业数字化转型的新动力。2020年突如其来的新冠肺炎疫情影响了全球经济发展和国民生活，但也迫使企业积极寻找出路，进一步加快数字化转型的步伐。

在工业时代，传统基建主要是指"铁公基"项目，也就是铁路、公路、机场、港口、水利设施等建设项目。

在数字化时代，基础设施建设的定义也发生了变化。"新基建"是数智基础设施建设，主要指与数据相关的基础软硬件建设，包括网络、数据中心、云计算平台、基础软件。"新基建"是以创新发展为理念，以技术为驱动，以信息网络为基础，为数字转型、智能升级、融合创新而赋能的基础设施体系。"新基建"是支撑未来经济社会发展的重心和基础，它将加速制造业的数字化转型。

一、传统基建带动国民经济发展

不论过去还是现在，我国高铁、高速公路、机场等传统基建能力不断提升。这些基础建设工程不仅拉近了城与城、乡与乡之间的距离，为城乡居民的生活提供了便利，而且创造了大量的就业岗位，带动了不同地域的经济往来和发展，积极推动了社会经济的繁荣。

二、新基建加速企业数字化转型的步伐

"新基建"以新一代信息技术赋能传统制造领域转型升级，并带来新的应用场景。特别是在 2020 年新冠肺炎疫情给国民经济和社会带来了严重影响的情况下，以医疗信息化等为代表的医疗"新基建"受到重点关注。

除了医疗"新基建"，其他的"新基建"还包括 5G、特高压、城际高速铁路和城际轨道交通、工业互联网、新能源汽车充电桩、大数据中心、人工智能等涉及多个社会民生重点行业的基础设施建设，这些都是"新基建"大体的应用方向。在大数据中心方面，IT 设备厂商、IDC 集成服务商、云计算厂商、软件厂商等都可以在"新基建"的倡导下，加强合作，实现共赢。"新基建"的发展不仅刷新了人们对数字技术的认知，还为大数据变革传统行业、挖掘新的市场机会提供了支持。譬如，近年来不断涌现的直播带货、社交电商、共享汽车、无人驾驶等都离不开"新基建"的身影。

大力倡导"新基建"将加快企业数字化转型的步伐。一方面，经济下行，企业盈利空间有限，积极利用以数字技术为代表的"新基建"进行数字化转型，成为企业突破发展"瓶颈"的抓手。另一方面，发展"新基建"的政策倡导也在一定程度上推进了各行业融合数字技术的进程。各行业与数字技术的融合并不单指基础的网络技术建设，而是要深入行业内部，将数字技术与业务和产品深度融合，协调推进。这既能助力数字技术在不同行业平稳落地，又能帮助企业进一步挖掘新的商机。

总而言之，"新基建"的发展拓宽了数字技术的应用范围，加速了企业数字化转型的步伐。

第五节 何时数字化转型

制造业何时可以开始数字化转型？答案是越早越好。

一、数字化转型的时机

如今，有些企业成功实现了数字化转型，有的刚开始，有的已经稳固发展。但是，大多数企业都还没有迈向转型，这是由于每个行业都有一个大规模爆发数字化转型的时间。不同行业由于数字化渗透的程度不同，进行数字化转型的时间也不相同。譬如，零售行业和金融行业较早接触数字化，行业内的大部分企业现在正在进行数字化转型。而建筑业、农业等传统行业的数字化渗透较少，至今还没有开始数字化转型。

那么企业应该何时开始数字化转型？同行业的大部分企业都没有开始数字化转型，自己要不要先转型？答案是肯定的，这和"先到先得"的道理是一样的。当行业内的企业大部分没有开始数字化转型时，有的企业会率先尝试，虽然数字化转型的结果可能会成功，也可能会失败，但只要成功转型，它就会比行业内没有开始转型的企业更具颠覆行业的优势。

所以，还没有开始转型的企业要抓紧时间，第一步便是综合自身数字化转型的条件和实力，并立即着手转型。

（一）剪刀差理论

制造业当下便要开始数字化转型的原因还在于：数字化转型是一项长期工程，从长远来看，其对效率的提升、管理的优化、产品的创新、业务的开拓都具有持续作用。这就意味着企业越早布局，就能越早具备数字化能力，碾压那些还没有进行数字化转型或转型稍晚的企业。随着时间的推移，企业的人力成本会越来越高，数字化成本会越来越低，但在数字化成本和人力成本的交叉点来临之前，人力成本是低于数字化成本的。可能正是因为这一点，有些企业没有抓紧进行数字化转型。但当企业等到拐点（交叉点）的时候才开始数字化转型，就已经落后其他企业多时了。因为数字化转型需要一个时间差，才能看到它的效果。在数字化成本和人力成本到达拐点之后，企业的人力成本会高于数字化成本，因此某些企业认为"光加人就可以代替数字化转型，比技术投入便宜"。这个观点是错误的，一旦到达拐点，企业的数字化能力将会大力赋能企业发展。

制造业的数字化转型是螺旋发展的过程，因为数字化转型是个新兴事物，且要历经多个过程。可能所处行业内还没有成功转型的范例，也就无法借鉴他人经验；可能行业内有成功转型的企业，但该企业与自身企业的发展规模和实力等差别较大，可借鉴性较低。因此，企业需要根据自身情况，结合外部成熟经验，独自摸索，在不断地试错与纠正中螺旋发展。

在这个过程中，有些企业可能认为自己照搬其他已经成功转型的案例，便可直接取得成功。但其实每个企业都需要历经数字化转型的每一个阶段和步骤，借鉴他人经验的确可以规避错误，但中间的历程都需要企业根据自身情况独自摸索、一一攻克，"个中过程"不能绕开。可能企业在向别家企业就某个环节取经时，这家成功转型的企业已研发出更高效的工作方式了。

因此，越早开始数字化转型越有利于自身的发展。也许制造业在数字化转型初期，并没有收获太多的转型成果，但架构、员工的数字化思维，以及企业的数字化文化等都在培养中。再者，数字化转型也是一个试错的过程，企业越早转型，越能快速发现及纠正自身的问题，越能早日步入数字化转型的正轨。

（二）数字化的马太效应

马太效应是指强者越强，弱者越弱。数字化的马太效应是指运用数字化技术的企业的整体能力将比没有运用的企业强，且会越来越强；较早运用数字化技术的企业的整体能力将会比稍晚运用数字化技术的企业强，也会越来越强。这是因为，数据早已成为企业不可忽视的生产要素了。

如今，数据作为一种新型生产要素，与土地、劳动力、资本、技术等传统生产要素并列。这意味着，数据同劳动力、资本、技术等传统生产要素一样，可以为企业运营赋能。数据这种新型生产要素与劳动力相比，具有两个方面的区别。

第一个区别是叠加优势。企业规模越来越大，就会需要配置更多的劳动力，但企业的边际成本并不会降低，劳动力成本只会越来越高，管理的成本也会越来越高。因此，劳动力作为生产要素，其叠加效应不明显。但当企业规模化地投入数据技术后，会使用大量数据，这也会产生更多数据，其运用的数字化技术也会越来越成熟，单个数据技术的成本便会逐渐降低，数据使用的效果反而呈指数级提升。因此，数据作为新型的生产要素，是具有叠加优势的。

第二个区别是规模优势。劳动力作为生产要素，很难规模化发展和管理。企业想要通过增加劳动力来达到一定的发展规模，首先要找到适合的人才，还要有管理这些人才的领导，这对企业来说都具有一定的挑战；且企业很难将这些人才培养成像数字化技术一样具有标准化的作业状态。这种依靠增加劳动力扩大发展规模的方式会遇到发展"瓶颈"。而数字化技术的边际成本为零。如果依靠数字化技术，企业从拥有1家工厂发展成拥有10家工厂的规模，技术的提升空间将会越来越大，智能效率将会越来越高。因此，数据作为新型的生产要素，具有规模优势。

正因为数据具有叠加优势和规模优势，企业一旦恰当运用数据和数字化技术，其数字化转型的进度将会比同行更快，效果将会比同行更好，投入数字化的信心和资源会更多，公司整体的数字化能力将会更强。数字化转型的过程就像马太效应一样，企业一旦正确运用便会越来越强。另外，企业从数字化技术中获利越多，越会加大对其投资，从而更快地抢占市场份额，最终超出同行水平，成为新的行业巨头。

二、各行业数字化转型时间参考

从作为数据原生之地的互联网行业到开启数字化运营探索的电信行业、金融行业，再到积极拥抱数字化的零售行业、娱乐行业，以及房地产行业、汽车行业、教育行业、能源行业、医药行业，都有数字化转型大规模爆发的时间。但这个时间与现实社会发展并不完全对标，只能根据行业属性、行业发展情况、行业发展规律等对各个行业的数字化转型时间做出预测。

各个行业都会掀起数字化变革浪潮，但是变革时间有先后之分。ICT、媒体与金融行业最早开始数字化转型，娱乐休闲、零售贸易等消费行业排第二，公共事业、政府、医疗、教育等相关部门排第三，高端制造、油气、基础产品制造、化工和制药等资本密集型行业排第四，农业、个人与本地服务、酒店服务、建筑等本地化行业开始最晚。

企业想要跟上数字化转型的浪潮，需要了解本行业的数字化转型趋势，及时制订数字化转型方案并部署行动，保证执行到位。

三、数字化转型的误区：当前加入成本低，加人即可

某些企业对于数字化转型的认识存在一些误区，这些企业认为当前多安排一些岗位及人员比配置数字化技术实惠，所以选择加人解决问题，企业的这种想法只考虑到当下要节省数字化转型的成本，为公司节流，却忽略了通过数字技术改造传统的思维范式、工作方法和流程带来的永久价值，也忽略了数字化转型的马太效应。

另外，加人与运用数字化技术相比，具有下列劣势。

首先，人员流动会导致资源和能力的流失，如果企业缺乏完整的流程或体系来沉淀资源或能力，一旦人员变动，将造成业务工作的堵塞，很多工作就需要从头开始。而数字化技术的运用会帮助企业形成一定的数字化能力，这种能力不会因人员流动而消失。

其次，人员的多部署并不能带来数字化转型的效果。数字化转型是通过数字技术和业务需求的结合优化流程、提升效率、创新业务，涉及企业的各个部门和模块，且是通过海量数据挖掘出规律和价值，结论较为科学，具有说服力。而人员安排依靠领导层的个人经验，难免产生职位安排的疏漏，且人员增加产生的效果与数字化转型效果难以评断。

最后，数字化转型对企业提升效率、优化管理、创新产品、开拓业务均具有持续性作用，可以连续为企业赋能。因此，企业为了降低当前运用数字化技术的成本而选择加人是存在误区的，会影响数字化转型。

第三章 从"中国制造"到"中国智造"

《中国制造 2025》正式发布，标志着提升制造业水平成为未来 10 年的国策。智能制造有望成为未来 10 年中国资本市场的核心主题之一。智能制造是指在生产过程中，将智能装备通过通信技术有机连接起来，实现生产过程自动化；通过各类感知技术收集生产过程中的各种数据，通过工业以太网等通信手段上传至工业服务器，在工业软件系统的管理下进行数据处理分析，并与企业资源管理软件相结合，提供最优化的生产方案或者定制化生产，最终实现智能化生产。

智能制造技术包括自动化、信息化、互联网和智能化四个层次，产业链涵盖智能装备（机器人、数控机床、服务机器人、其他自动化装备）、工业互联网（机器视觉、传感器、RFID、工业以太网）、工业软件（ERP/MES/DCS 等）、3D 打印以及将上述环节有机结合的自动化系统集成和生产线集成等。

工业机器人：中国工业机器人市场经历了爆发式增长，截至到 2020 年，我国工业机器人的保有量达到 60 万台，我国机器人市场规模将超过 400 亿元。再考虑到出口因素，我国有望诞生销售额过百亿的机器人公司。

工业互联网：工业互联网是智能工厂的神经。通过各种信息采集和感知技术，将生产中的信息转为数字信号，通过无线传输、总线技术或工业以太网等技术将信号传递给计算机系统或者展示给生产人员，经过数据分析处理后，实施更加精确和效率更高的工业生产操作。

工业软件：我国工业软件 ERP 渗透率相对较高，而 MES/DCS 等生产环节控制软件普及率还相当低。我国工业软件的市场需求市场上，仍然以国外的软件公司为主导，国内厂商国产替代的空间巨大。

3D 打印：未来 3D 打印行业将保持高速增长。我国 3D 打印尚处在起步阶段，未来发展空间巨大。

第一节 升级企业级应用系统，事半功倍

智能制造源于人工智能的研究。一般认为智能是知识和智力的总和，前者是智能的基础，后者是指获取和运用知识求解的能力。智能制造应当包含智能制造技术和智能制造系统。智能制造系统不仅能够在实践中不断地充实知识库，具有自学习功能，还有收集与理解环境信息和自身的信息，并进行分析判断和规划自身行为的能力。

在过去的 10 年里，数字计算和通信的发展从根本上改变了制造工厂的运营模式。智能制造通过工业自动化与信息技术（IT）的融合，将很快提升工厂的生产灵活性，并可节约能源、保护环境、降低成本、提高质量和人身安全，从而使工厂的生产效率和质量得到大幅度的优化提高。这种新兴的智能制造技术正在经历以下三个阶段。

一、第一阶段——精益制造 + 信息化的集成

这个阶段形成了贯穿生产车间、连接部门、跨越企业的以制造为核心的系统集成，伴随着信息数据的集成，产品的成本、制造过程中的安全和环境的影响将得到显著改善，具有重大的意义。

在集成阶段，精益化的流程再造和信息化的建设将搭建起工厂和企业的桥梁，从而更好地协调制造及生产的各个阶段，并极大地推进车间生产制造效率的提高及质量的提升。典型的制造车间应当使用信息技术、传感器、智能电动机、电脑控制、生产管理软件等来管理和控制每个特定生产任务或过程的操作。然而，这也仅仅是解决了一个局部制造孤岛的工作效率，而并非全企业。

制造信息系统将整合这些制造过程中相互独立的岛屿，使整个工厂及制造过程共享数据及信息。与此同时，机器收集到的数据资源和人类的智慧资源相互结合，从而推进车间级的优化和企业范围内的管理，使经济效益大幅增加、人身安全得到保障和环境友好的实现。这种"制造智能"将伴随着自动化技术与数字化仿真技术的融合，从而进入智能制造的第二阶段。

二、第二阶段——从车间优化到制造智能（自动化技术与数字化仿真技术的融合）

第一阶段中，车间现场产生了大量实时数据，通过这些数据配合先进计算机仿真和建模技术，共同创建强大的"制造智能"体系架构，从而实现生产节拍的变化、柔

性制造、最佳研发速度和更快的产品定制服务。

第二阶段应用了高性能的计算平台（云计算）连接起整个产品供应链体系，进行产品建模、数据驱动的仿真和知识集成，可以在整个供应链体系内建立更高水平和效率的制造智能。

为了提高能源的使用效率、优化产品的制造交付速度，整条工业生产线和全车间将更加实时、灵活改变生产线运行速度，当然现在这还是不可行的。但是，为了达到这一目标，企业可以采用先进的模型并模拟整个产品生产流程，从而改善当前和未来的业务流程。

例如，当公司的需求超出了销售预期的情况，工厂需要开始全天候运转，并新增工作岗位。此外，为最大限度地降低每个生产环节中的资源浪费现象，公司可以采用仿真工具来进行生产分析，从而达到消除产品供应链中的浪费，提高生产效率的目的。

供应链仿真技术高度融合并优化了传统的精益生产测试和分析方法，从而解决了传统精益的换线等带来的改进策略吸收了部分产能的弊端。通过在计算机营造出的虚拟世界中进行的生产试验不会干扰整个生产系统的运行，同时也密切了精益供应链与精益生产流程之间的联系。

在 7×24 这样全天候的生产模式下，精益生产无法在周末等时间利用闲置产能来进行工程测算。而仿真系统则能够使工厂在不间断生产的情况下对实际设备做出更改前进行试验。

如今，工厂中可以看到很多资源浪费和生产效率低下的现象。但具体到产品供应链，要观察到这一点却是非常困难的，因为无法亲自查看到底浪费发生在哪个环节。

APS 智能计划和基于仿真优化的生产系统实现了产品供应链的融合：系统把从公司销售等运营机构中出现的需求提取出来，再利用系统的生产需求管理模块将这种实际需求量化，随后将其传递到供应网络的计划模块中，从而最终通过计算得到了满足客户需求的产品需要在什么时间和什么地点进行生产。

供应商也可以在这个"精益计划"的流程中受益，以应对订货期提前、发货数量陡增及零部件运输过程中出现的一系列不确定因素。

这样的数据将会在制造供应链的各个环节中流畅地运行，并最终得到持续的运行优化，使得企业更加快速地与客户需求关联起来，对于变化的响应速度加快并进行柔性对接，满足产品的品质、成本、交货期的要求。

三、第三阶段——数据驱动智能制造的实现（制造知识重整市场秩序）

制造所产生数据的大量积累，导致大数据分析所带来的制造智能技术的进步，将激励制造工艺过程和产品创新，实现智能制造。

这一阶段将信息技术广泛应用，并期望改变商业模式，一旦得到正确的实施，消费者习惯的 100 多年的大规模生产工业供应链将被完全颠覆。灵活并可重构工厂和 IT 最优化供应链将改变传统的生产过程，允许制造商按用户的个人需求定制产品，这个模式如同生产药物特定剂量和配方一样，客户会"告诉"工厂在什么时候生产什么样式的汽车、构建什么功能的个人电脑、如何定制一款满足客户的特殊需求的牛仔裤等。这种极富戏剧性的竞争力变得越来越重要，可以说，生产知识的创新奠定了智能制造的最后一个阶段。这些改变将不会停留在单纯的量变层面上，它们将彻底改变以往工业中的游戏规则，使产品和工艺市场发生颠覆性变化。

智能制造是面向产品全生命周期，实现在感知条件下的信息化制造，是高度网络连接、知识驱动的制造模式。智能制造优化了传统制造行业的大部分业务和工作流程，实现了可持续生产力增长、高经济效益等目标。并且智能制造有机地结合了信息技术和工程技术，从根本上改变产品研发、制造、运输和销售的全过程。在现代传感技术、网络技术、自动化技术、拟人化智能技术等先进技术的基础上，通过智能化的感知、人机交互、决策和执行技术，实现制造过程、制造装备的智能化，是信息技术、智能技术与装备制造技术的深度融合与集成。智能制造是世界范围内信息化与工业化深度融合的大趋势，愈加成为衡量一个国家和地区科技创新和高端制造业水平的标准。

（一）企业级信息应用系统介绍

1.ERP

ERP（Enterprise Resources Planning）是企业资源计划，是在物料需求计划 MRP（Material Requirement Planning）和制造资源计划 MRP Ⅱ（Manufacturing Resources Planning）的基础上发展起来的更高层次的管理理念和软件工具。从管理和信息技术的发展历史来看，从 MRP 到 MRP Ⅱ，再到 ERP，每一次进展都是在继承原有理论和方法下的提升，所以不能简单地认为非此即彼。

ERP 是一个对企业资源进行有效共享与利用的系统。通过信息系统对信息进行充分整理、有效传递，使企业的资源在购、存、产、销、人、财、物等各个方面能够得到合理的配置与利用，从而实现企业经营效率的提高。广义上来讲，其他的管理都是在 ERP 的框架下运行的，都是 ERP 的子集或交集。

2.PDM

PDM（Product Data Management）即被大家所熟知的产品数据管理。PDM 是一门用来管理所有与产品相关信息（包括零件信息、配置、文档、CAD 文件、结构、权限信息等）和所有与产品相关过程（包括过程定义和管理）的技术。通过实施 PDM，可以提高生产效率，有利于对产品的全生命周期进行管理，加强对于文档、图纸、数据的高效利用，使工作流程规范化。

PDM 制造过程数据文档管理系统，能够有效组织企业生产工艺过程中卡片、零件蓝图、三维数模、刀具清单、质量文件和数控程序等生产作业文档，实现车间无纸化生产。

PDM 输出的产品结构是 ERP 软件的基础资料，如产品工艺结构清单 SBOM、产品物料清单 BOM 等，这些资料的提供是 ERP 运作的基础。以 Teamcenter 的 PDM 为例，其所涉及的功能模块已经在上一章中进行了详细的阐述。

3.MES

MES（Manufacturing Execution System）系统即制造企业生产过程执行系统，是一套面向制造企业车间执行层的生产信息化管理系统。MES 可以为企业提供包括制造数据管理、计划排程管理、生产调度管理、库存管理、质量管理、人力资源管理、工作中心 / 设备管理、工具工装管理、采购管理、成本管理、项目看板管理、生产过程控制、底层数据集成分析、上层数据集成分解等管理模块，为企业打造一个扎实、可靠、全面、可行的制造协同管理平台。

MES 系统即制造执行系统，是由美国 AMR 公司（Advanced Manufacturing Research，Inc.）在 20 世纪 90 年代初提出的，旨在加强 MRP 计划的执行功能，把 MRP 计划同车间作业现场控制，通过执行系统联系起来。这里的现场控制包括 PLC 程控器、数据采集器、条形码、各种计量及检测仪器、机械手等。MES 系统设置了必要的接口，与提供生产现场控制设施的厂商建立合作关系。

从这个定义中我们不难看出，MES 是对 ERP 的计划的一种监控和反馈，MES 其实是 ERP 业务管理在生产现场的细化，ERP 是业务管理级的系统，而 MES 是现场作业级的系统。所以，很多 MES 管理软件都会与工业设备，通过工控技术进行实时数据采集，再上传给 ERP 系统进行业务状态改变和业务指令处理。

ERP、PDM 与 MES 三者既有关联又有区别，三者会有交叉融合，但在企业里，总体上的分工是，业务和生产管理用 ERP，产品设计用 PDM，与设备交互的生产现场作业用 MES。ERP 和 PDM 是人机交互的信息系统，MES 多是机器与机器交互的信息系统。

4.CRM

CRM（Customer Relationship Management）一般译作"客户关系管理"。CRM 最早产生于美国，由 Gartner Group 首先提出 CRM 这个概念。20 世纪 90 年代以后，伴随着互联网和电子商务的浪潮，CRM 得到了迅速发展。CRM 是一套先进的管理模式，其实施要取得成功，必须有强大的技术和工具支持，是实施客户关系管理必不可少的一套技术和工具集成支持平台。CRM 基于网络、通信、计算机等信息技术，能实现不同职能部门的无缝连接，能够协助管理者更好地完成客户关系管理的两项基本任务：识别和保持有价值客户。

（二）企业的传统信息化手段

近年来，企业中的管理信息系统已经形成了一套比较完整的理论和方法体系。从20世纪80年代开始，我国大量国企和事业单位开发了适用于内部的管理信息系统软件，许多高校也开设了相关专业，管理信息系统逐渐进入学者和工业界的视野。但是，随着现代信息技术及互联网的飞速发展，企业信息化系统不断提出新的理念，给传统的管理信息系统带来了很大的挑战。

管理信息系统是一个由人、计算机等组成的能进行信息收集、传递、储存、加工、维护和使用的系统。管理信息系统能实测企业的各种运行情况，利用过去的数据预测未来，从企业全局出发辅助企业进行决策，利用信息控制企业的行为，帮助其实现规划目标。

进入20世纪90年代以后，出现了许多新颖的企业信息化解决方案，为企业的日常运转起到了很大的辅助作用，如企业资源计划（ERP）、客户关系管理（CRM）、供应链管理（SCM）、电子商务（EB）、计算机集成制造系统（CIMS）等。我们以这几个概念为主，分析这些概念与管理信息系统之间的关系。

（1）ERP是在传统的制造资源计划（MRP）基础上发展而来的，作为企业管理软件中的一个高级应用，企业资源计划经历了从简单、局部应用到高级、全面解决管理问题的一段较长的发展历程。管理的侧重点也从原先的侧重于物流（原料、产品）扩展到物流与资金流相结合，进而扩展到再与信息流结合在一起；范围也从企业内部延伸到与整个企业经营管理活动相关的所有方面。集成了全员质量控制、准时制生产、约束理论、精益生产、敏捷制造、实验室管理、电子数据交换、项目管理、运输管理、设备维护、供应商管理、客户管理、ISO认证等丰富内容。ERP首先体现了一种全新管理思想，将这种管理思想与现代信息技术的高度整合，就形成了ERP的具体解决方案。管理信息系统侧重于信息技术，企业资源计划更侧重于管理模式和解决方案，二者之间各有侧重。

（2）作为解决方案的客户关系管理，它融合了当今最新的信息技术，包括Internet技术、多媒体技术、数据仓库和数据挖掘、专家系统和人工智能、呼叫中心等。作为一个解决方案的客户关系管理，凝聚了市场营销的管理思想。市场营销、销售管理、客户关怀、服务和支持构成了CRM软件的基石。CRM是围绕客户关怀的整个业务和信息系统的集成，如呼叫中心的建立，其范围已经超越了管理信息系统的范畴，不能把客户关系管理笼统地称为管理信息系统。

（3）供应链管理是一个范围更广的企业结构模式。它以核心企业为主，将客户、研发中心、供货商、制造商、分销商、零售商、服务商整合成一个完整的网链结构，供应链上的各个节点企业形成一个不可分割的有机整体，达到对客户需求、产品研发、原材料采购、产品制造、产品销售和产品服务各环节供应链资源的有效规划和控制。供应链管理突破了传统管理信息系统侧重于企业内部管理的范畴，体现了一种全新的管理思想，内容也包括了部分业务活动，因此也不能用管理信息系统的某个子系统来简单概括。

（4）电子商务是在互联网条件下，利用计算机和网络技术手段，实现商品与服务交易的商业活动，电子商务是不同于传统交易方式的一种全新的商业模式。诚然，电子商务里面包含了很多管理信息，但是从本质上来讲，电子商务是一种商务活动，是企业经营活动本身，不能说电子商务是某个管理信息系统。

（5）计算机集成制造系统把制造业的全部生产、经营和工程技术等各方面工作通过计算机连成一体，成为一个高度自动化、智能化、最优化的集成制造系统。CIMS需要和CAD、CAM有机集成，而CAD、CAM从本质上讲，也不能简单地归结为管理信息系统。

从以上分析可以看出，近年来出现的一些新的企业信息化解决方案，首先体现了一种全新的管理思想，然后将这种管理思想与现代信息技术进行集成。客户关系管理、供应链管理、电子商务、计算机集成制造系统的内涵已经不再是简单的信息系统，而是企业具体的经营活动与信息系统的集成，只有ERP更像信息系统。为了解决管理信息系统与以上解决方案之间的冲突和概念模糊不清的状况，必须对管理信息系统的内涵进行解剖分析。

为了说明问题，可将管理信息系统细分如下：

（1）经过多年发展，管理信息系统理论已经相当成熟，主要包括信息系统的基本理论、开发的方法、实施的步骤等。这些理论得到了大家的公认，并且仍然在指导信息化的实践。

（2）管理信息系统的应用囊括了企业管理领域的各个方面，尤其是在20世纪80—90年代，我国有大量企事业单位开发了管理信息系统软件，所以习惯上我们也把管理信息系统软件应用称为管理信息系统，但是这种提法是相对的。从上面的分析我们可以看出，因为在企业信息化过程中，如果我们仍然将ERP、CRM、EB等统称为管理信息系统，就会犯概念上的错误，所以，管理信息系统应用概念的范围已经大大缩小，已经跟不上时代的发展，要慎重使用。

第二节　车间中的通信及智能化管控

一、车间制造，随时"对话"

（一）工业以太网技术简介

工业以太网是基于 IEEE 802.3（Ethernet）的强大的区域和单元网络。工业以太网提供了一个无缝集成到新的多媒体世界的途径。企业内部互联网（Intranet）、外部互联网（Extranet）及国际互联网（Internet）提供的广泛应用不仅已经进入今天的办公室领域，还应用于生产和过程自动化。继 10M 波特率以太网成功运行之后，具有交换功能，全双工和自适应的 100M 波特率快速以太网（Fast Ethernet，符合 IEEE 802.3u 的标准）也已成功运行多年。

工业以太网是应用于工业控制领域的以太网技术，在技术上与商用以太网（IEEE 802.3 标准）兼容，但是实际产品和应用却又完全不同。这主要表现为普通商用以太网的产品设计时，在材质的选用、产品的强度、适用性以及实时性、可互操作性、可靠性、抗干扰性、本质安全性等方面不能满足工业现场的需要，故在工业现场控制应用的是与商用以太网不同的工业以太网。其主要的优势如下：

1. 应用广泛

以太网是应用最广泛的计算机网络技术，几乎所有的编程语言如 Visual C++、Java、Visual Basic 等都支持以太网的应用和开发。

2. 通信速率高

10Mb/s、100Mb/s 的快速以太网已开始广泛应用，1Gb/s 以太网技术也逐渐成熟，而传统的现场总线最高速率只有 12Mb/s（如西门子 Provirus-DP）。显然，以太网的速率要比传统现场总线要快得多，完全可以满足工业控制网络不断增长的带宽要求。

3. 资源共享能力强

随着 Internet/Intranet 的发展，以太网已渗透到各个角落，网络上的用户已解除了资源地理位置上的束缚，在联入互联网的任何一台计算机上都能浏览工业控制现场的数据，实现"控管一体化"，这是其他任何一种现场总线都无法比拟的。

（二）现场总线通信方式及特点

传统的现场级与车间级自动化监控及信息集成系统包括基于 PC、PLC、DCS 产品的分布式控制系统。其主要特点之一是现场层设备与控制器之间的连接是一对一的接线方式，信号传递——传送模拟量信息或传送开关量信息信号。传统方式的控制集成系统存在以下缺点：

（1）信息集成能力不强。

（2）系统不开放、可集成性差、专业性不强。

（3）可靠性不易保证。

（4）可维护性不高。

由于大规模集成电路的发展，许多传感器、执行机构、驱动装置等现场设备智能化，即内置控制器，完成诸如线性化、量程转换、数字滤波甚至回路调节等功能。因此，对于这些智能现场设备增加一个串行数据接口（如 RS-232/485）是非常方便的。有了这样的接口，控制器就可以按其规定协议，通过串行通信方式（而不是 I/O 方式）完成对现场设备的监控。如果设想全部或大部分现场设备都具有串行通信接口并具有统一的通信协议，控制器只需一根通信电缆就可将分散的现场设备连接，完成对所有现场设备的监控，这就是现场总线技术的初始想法。

基于以上初始想法，使用一根通信电缆，将所有具有统一的通信协议通信接口的现场设备连接起来，这样在设备层传递的不再是 I/O 信号（4-20mA/24VDC），而是基于现场总线的数字化通信，由数字化通信网络构成现场级与车间级自动化监控及信息集成系统。

其中，"生产过程"包括断续生产过程和连续生产过程两类。或者现场总线是以单个分散的，数字化、智能化的测量和控制设备作为网络节点，用总线相连接，实现相互交换信息，共同完成自动控制功能的网络系统与控制系统。

（1）现场总线技术是实现现场级控制设备数字化通信的一种工业现场层网络通信技术，是一次工业现场级设备通信的数字化革命。现场总线技术可使用一条通信电缆将现场设备（智能化、带有通信接口连接）连接起来，用数字化通信代替 4-20mA/24VDC 信号，完成现场设备控制、监测、远程参数化等功能。

（2）传统的现场级自动化监控系统采用一对一连线的 4-20mA/24VDC 信号，信息量有限，难以实现设备之间及系统与外界之间的信息交换，严重制约了企业信息集成及企业综合自动化的实现。

（3）基于现场总线的自动化监控系统采用计算机数字化通信技术，使自控系统与设备加入工厂信息网络，构成企业信息网络底层，将企业信息沟通的覆盖范围一直延伸到生产现场。在计算机集成制造系统中，现场总线是工厂计算机网络到现场级设备的延伸，是支撑现场级与车间级信息集成的技术基础。

此外，基于现场总线的自动化监控及信息集成系统的主要优点有：

（1）增强了现场级信息集成能力。

现场总线可从现场设备获取丰富信息，能够更好地满足工厂自动化及计算机集成制造系统的信息集成要求。现场总线是数字化通信网络，它不单纯取代 4-20mA 信号，还可实现设备状态、故障、参数信息传送。系统除完成远程控制外，还可完成远程参数化工作。

（2）开放式、互操作性、互换性、可集成性。

不同厂家产品只要使用同一总线标准，就具有互操作性、互换性，因此设备具有很好的可集成性。系统为开放式，允许其他厂商将自己专长的控制技术，如控制算法、工艺流程、配方等集成到通用系统中去，因此市场上将有许多面向行业特点的监控系统。

（3）系统可靠性高、可维护性好。

基于现场总线的自动化监控系统采用总线连接方式替代一对一的连线，对于大规模 I/O 系统来说，减少了由接线点造成的不可靠因素。同时，系统具有现场级设备的在线故障诊断、报警、记录功能，可完成现场设备的远程参数设定、修改等参数化工作，也增强了系统的可维护性。

（4）降低了系统及工程成本。

对大范围、大规模 I/O 分布式系统来说，省去了大量的电缆、I/O 模块及电缆敷设工程费用，降低了系统及工程成本。

（三）工业以太网与传统通信方式对比

（1）通信系统物理层。

①现场总线：

●传输介质：多数采用屏蔽双绞电缆、光纤、同轴电缆，以解决长线传输、数据传输速率和电磁干扰等问题。也有无线传输方案，以适应不同场合需要。

●插件：各种防护等级工业级的接插件。

●线供电及本质安全：如 IEC61158-2，用于流程控制及要求防爆功能的场合。

●编码：异步、位同步曼彻斯特编码等。

●传输速率：9.6K~12Mbps。

②以太网：

●传输介质采用 UTP3 类线、UTP5 类线、屏蔽双绞电缆、光纤、同轴电缆，无线传输的解决方案。

●插件为 RJ45，AUI，BNG。

●总线供电及本质安全。

●编码：同步、曼彻斯特编码。

●传输速率为 10M、100M。

（2）介质访问控制方式。

现场总线的介质访问控制方式需要满足工业控制网络的标准，在通信的过程中，实时性和确定性需要得到保障。其中，实时性指网络分配给站点的服务时间和间隔可以保证站点完成其确定的任务，确定性指站点每次得到网络服务间隔和时间是确定的。在目前的工业车间中，现场总线技术采用的介质访问控制方式主要包括令牌、主从、生产者客户（producer/consumer）。

对于工业以太网而言，CSMA/CD 载波监听多路访问冲突检测是以太网（或 IEEE 802.3）所采用的主要介质访问控制方式，这是工业以太网（或 IEEE 802.3）的特点；或者采用令牌调度方式，这种方式是基于 IEEE802.4 令牌的总线网。根据 CSMA/CD（载波监听多路访问 / 冲突检测）的原理，可以得知其不能满足工业网络通信的实时性和确定性要求。由于以太网与 CSMA/CD 具有对等的技术内涵，因此，以太网不具有传统工业网络要求的实时性和确定性。

（3）数据的传输效率。

对于各种不同的网络，其对报文的长度有一个特定的限制。在网络报文中，除了有效传输数据，还有一些可作为同步、地址、校验等的附加字段。有效数据字段与附加字段之比反映的是网络中有效的数据传输效率，或者在传输过程中，一次有效数据传输的代价。

二、支持精细化管控与一体化管理的 RFID

从战略管理、宏观管理的角度来讲，我国的管理方式有自己的优势，擅长管理大局；而对于底层管理、作业层面及大规模的作业管理，尚未具备足够的精细化。国内一些机械装配行业是典型的小批量、多品种、低利润的劳动密集型产业，所以，在运用现代管理工具时，普遍面临着 ERP、MES 及 PLM 等系统应用的断裂现象。

仔细分析起来，这种断裂现象由以下几个方面导致。一是生产线上的质量管控手段不足：由于熟练技术工人的缺乏，手工装配的产品质量稳定性无法保证，且难以支撑起问责机制。二是生产计划执行的进度难以精细管控：小批量生产导致粗放式管理的问题凸显，缺少对生产流程进行变化快速、多端的控制，致使生产管理模式效率低下，而且出错率高。三是滞后的生产调度难以适应生产现场的快速变化：生产现场调度，包括人员、订单、物料等其状态都需要实时信息的呈现，以实时做出相应调整。若缺乏实时的监测，依靠事后调整调度会严重滞后甚至可能与实际完全不相符合。四是管理系统和控制系统的不匹配：生产线自动化的水平，尤其是现场自动化在不断提高。而传统生产管理与底层生产控制之间的衔接以人为主。ERP 针对控制系统中间的衔接部分依然要靠人工来实现。这两者间存在断层和脱节的情况。

RFID 技术能在底层管理中发挥巨大作用，并配合宏观层面的决策。从局部环节来讲，RFID 技术能够逐步打通企业的物流链，实现生产物流的全程跟踪。而从更大范围来讲，目前很多企业的生产已经逐步过渡到实施企业级的 RFID 应用当中。RFID 是实时获取数据的有效手段。它是一种实时的信息载体，其作用就是标识生产要素，包括在制品、物料、人员等，架构出一座生产要素和信息系统之间实时沟通、相互衔接的桥梁。而实时过程则是实现管控一体化基础和前提，将 RFID 管理系统和现场自动化系统。通过基于 RFID 的方式连成一体，就形成了生产过程管控一体化的方案。现在我国也开始了面向离散制造生产过程管理的 RFID 技术开发与应用等相关项目的研究，如利用 RFID 重点突破生产管理一体化的关键问题。在此基础上，还可以构建基于 RFID 的制造执行系统，通过车间控制器，将传统 ERP 系统的状态与现场每一个工位的控制器沟通，并根据每一个工位情况的不同，配置相应的设备，如 RFID 读感器等附属设备，使生产线现场通过执行系统和管理系统形成了一个有机的整体。这种一体化的体系结构可以概括为：用电子标签标识生产要素后，基于 RFID 的车间制造资源可以通过现场设备采集现场数据；这些数据通过实时的信息处理，使管理层获得信息后做出相应的决策和措施，支撑企业实现精细化管控。

基于 RFID 的制造执行系统可以向上下游不断延伸，不断扩大管理层面。例如，可以向下游延伸，对物料进行管理。目前，企业的 ERP 都有物料管理，然而很多仅仅停留在门径管理的层面，物料的位置、库存盘点及精确定位非常困难。利用该技术能够实现物料在企业内部配送的实时管理。零配件厂若按照各自的标准为不同的企业配货，管理将会十分混乱，因此需要对物料周转设备、物料的装备进行规格化和标准化，通过管控一体化服务平台来规范执行统一标准，将大大降低供应商物料成本。所以，这时可以考虑建立一个面向整个机械装配行业的一体化服务平台。现在，这种第三方供应链平台已经出现，与企业内部的物流联成一体。该平台能够实现从供应商到总装厂、物流企业之间的联通，实现物流及其作业过程的一体化。未来，这部分的工作将进一步推进，以期取得更好的结果。RFID 还可以实现全生命周期的一体化管理，即让 RFID 标签跟随产品出厂，获取从生产到分销、维修等一系列的信息。把生产等相关系统集成起来，最后构建一个涵盖产品设计、零部件采购、生产、仓储、分销、使用、回收、销毁及再利用的一体化的平台。这将是未来发展的一大趋势。

三、高校产、学、研案例——以南京航空航天大学为例

南京航空航天大学数字化设计制造工程技术研究中心针对军工企业离散型制造车间管控存在的问题，进行了大量的研究。

军工制造业生产的产品型号变化多，交付时间严格，是典型的离散型制造。离散

型制造是相对于流程型（连续型）制造来说的，主要是通过对原材料进行加工，使其物理形状进行改变，生成零件最后进行产品的组装。典型的离散型制造行业主要包括机械加工、汽车行业等。离散型制造具有以下几个特点：离散型制造企业的产品可以用 BOM 树将构成产品的零部件清晰地进行描述；离散型制造车间的每种产品都有不同的加工工艺流程，同时车间内机床的布局也没有固定的方式，工序之间的物料转移需要管理人员的宏观调度；人员密集，自动化水平低，产品的质量和生产率依赖于制造工人的技术水平；离散型制造车间现场是物流与信息流错杂交汇的场所，生产状况繁杂，不易掌控。

离散型制造企业的产能不像连续型企业主要由硬件（设备产能）决定，而主要由软件（加工要素的配置合理性）决定。同样规模和硬件设施的不同离散型企业因其管理水平的差异导致的结果可能有天壤之别。从这个意义上来说，离散型制造企业通过软件（此处为广义的软件，相对硬件设施而言）方面的改进来提升竞争力更具潜力。

在离散型制造车间生产过程中，各类数据不断产生，包括物料、设备、工装、工单、员工等多种信息，既有状态信息，又有实时信息。因此，能否对制造车间进行有效的数据管理直接影响着生产计划的执行，并最终影响企业的效益。目前，离散型制造车间数据管理主要面临以下几个问题：

（1）离散型制造车间现场数据种类繁多、数据量大。

车间是各类生产资源和生产者的聚集地，是各种信息交汇的场所。如此多的信息混杂在一起，必然会因数据种类繁多及数据量大导致生产过程的停滞，这样会严重影响生产计划的有效执行。

（2）制造数据状态复杂，采集困难。

目前，离散型制造车间生产过程的数据主要依靠人工采集和管理，通过在生产过程中记录下一些必要的生产信息，并按生产计划传递给下一环节，直至产品最终完工。然而，在生产过程中，有些制造数据状态极其复杂多变，按照传统的采集方法无法满足采集要求，因此一些重要的生产信息很难记录下来。实时状态数据的采集就成了离散制造车间生产的一个较大的难题。

（3）车间现场制造数据缺乏完整的统计分析。

传统的离散制造车间数据管理体系中，车间管理人员需要耗费较多的时间在数据的统计分析上，且这些数据存在着准确性和实时性明显不足的缺点。这样管理层无法及时地了解现场的加工情况和资源情况，延误了生产计划的安排，导致整个生产效率低下。

离散制造车间数据管理方面问题的根本原因是车间制造数据没有得到实际有效的采集和管理。因此，在基于物联网的离散车间生产过程中，通过 RFID 技术进行数据采集，并结合已有的网络技术、数据库技术和中间件技术等，用无数的电子标签和大量联网的读取器构成物联网，实现物体的自动识别和信息的互联与共享。为了提高制造业信息化水平，以信息化带动工业化，在企业原材料供货、生产计划管理、生产过程管理、精益制造等方面，采用 RFID 等技术可以促进生产效率和管理效率的提高。通过物联网技术，将所采集到的数据在一个统一的数据管理平台中进行分析和统计，最终实现车间实时制造数据的管理，这是具有重要意义的。

离散型产品生产是将原材料加工成零件，经组装、部装和总装成为产品，主要具有以下特点：

（1）产品结构。离散制造的最终产品结构复杂，技术含量高。因产品种类多，尤其是非标产品较多，设备和操作人员必须有足够的灵活变通能力。

（2）生产组织复杂。在生产组织过程中，除了保证及时供料和零部件的加工质量，重要的是控制零部件的生产进度，保证生产的成套性。如果生产的品种、数量不成套，就无法装配出成品。同样，少数零件的延期，必然也会延长整个产品的生产周期，从而蒙受因大量在制品积压和生产资金积压造成的损失。

（3）设备布置。对于多品种小批量离散制造企业，由于其工艺路线复杂多变，其生产设备按照工艺进行布置，因此从原材料的采购、在制品工序间的转移及装配等都需要对每个产品的加工物料进行调度。而面向库存的大批量生产的离散型制造业，如汽车工业等，由于其工艺路线比较稳定，故按工艺过程布置生产设备。

（4）物料存储和运输。离散型工业企业的原材料和产品都是固体形状。因此，存储多为室内仓库或室外露天仓库。采购和分销的仓库在空间上是点状分布，各个网点靠运输路线和运输工具连接。

（5）自动化水平。对于离散型制造，产品的质量和生产率很大程度上依赖于公认的技术水平，自动化主要在单元级，如数控机床、工作中心、柔性制造系统等。因此，离散型制造业也是一个人员密集型行业，自动化水平相对较低。

（6）生产计划管理。典型的离散型制造业企业由于主要从事单件、小批量生产，产品的工艺过程经常变更，因此需要进行良好的计划。其 BOM 是树状层次型结构，产品物料较多，物料层次复杂，但物料数量、物料型号、生产过程固定，生产周期较长。通常情况下，由于生产过程可分离，订单的相应周期较长，辅助时间较多。

因此，对于离散型制造企业来说，尤其是对于生产大型复杂产品的离散型制造企业，生产管理工作十分繁重和复杂，其生产管理软件的开发也是众多 ERP 厂商认为最困难和关键的部分。所以，在设计时应紧抓生产类型的特点与要求，合理设计生产管理系统，使企业生产管理具备完整的知识体系和专业化的管理方法，在实用性和学术性两方面都得到较大的收益。

"十二五"期间，南京航空航天大学项目组完成了相关企业物联网项目，该项目针对机加车间的需求及特点，研究基于物联网技术的产品现场制造要素联网和制造数据实时采集方法，为车间提供基于物联网的现场制造实时数据的系统解决方案和工具，突破了基于 RFID 的车间现场制造数据编码、基于柔性封装的物联网电子标签技术封装、基于物联网的现场制造数据融合、现场制造数据可视化、智能数据采集终端、基于紧密集成模式的应用集成接口、面向企业制造现场的物联网安全等关键技术，开发了相关硬件样机和软件系统。项目组研究工作及成果在应用范围、功能、系统架构、自主知识产权关键器件，以及相关技术突破方面具有显著的特点和创新。

通过研究面向制造业数据采集技术，开发了应用于车间制造现场的多类数据采集终端，包括无线数显量仪、温度采集器、湿度采集器、烟雾采集器、普通车床数据采集器及嵌入式智能数据终端等，开发了能够提供 10 种以上格式兼容（文档、图形、模型等）的手持式和固定式的交互电子看板。

通过对制造物联技术在生产现场的应用需求分析和关键技术研究，建立和开发了基于 ZIGBEE 的制造车间环境参数监控系统、基于 RFID 的离散制造车间实时定位系统和基于物联网的离散制造车间监控管理系统。

基于 ZIGBEE 的制造车间环境参数监控系统解决了制造车间环境下的通信问题，通过 ZIGBEE 无线传感器网络自动采集车间生产过程、设备与工作环境等数据，系统提供车间各设备及监测点的实际物理地址，实现监测点的数据管理、监视及服务。

基于 RFID 的离散型制造车间实时定位系统针对离散型制造业过程追踪与生产可视化的需求，采用 RFID 等核心技术，对车间的生产要素进行实时的定位、追踪和追溯，实现生产的动态调度和车间的优化布局，提高了生产效率。

基于物联网的离散制造车间监控管理系统针对离散制造业过程追踪与数据采集处理的需求，以 RFID 等物联网技术为基础，实现对人员和物料在加工流转过程中的管理和监控，提供了机床、刀具、量具等多类生产要素的监控管理功能，实现了车间生产过程的"透明化"。

第三节　制造车间里的大数据

一般意义上讲，大数据具有数据量大、数据种类多、商业价值高、处理速度快的特点。在此基础上，工业大数据还有另外两大特点。

一是准确率高。大数据一般的应用场景是预测，在一般性商业领域，如果预测准确率达到 90% 已经是很高了，如果是 99% 就是卓越了。但在工业领域的很多应用场景中，对准确率的要求达到99.9%甚至更高，比如轨道交通自动控制。再如定制生产，如果把甲、乙客户的订单参数搞混了，就会造成经济损失。

二是实时性强。工业大数据重要的应用场景是实时监测、实时预警、实时控制。一旦数据的采集、传输和应用等全处理流程耗时过长，就难以在生产过程中发挥应用价值。

一、制造车间中的大数据特点

不管是工业自动化，还是工业智能化（工业4.0），或者是工业互联网概念，它们的基础是工业数据。随着行业发展，工业企业收集的数据维度不断扩大。主要体现在三个方面：

一是时间维度不断延长。经过多年的生产经营，积累了历年的产品数据、工业数据、原材料数据和生产设备数据。

二是数据范围不断扩大。随着企业信息化建设的过程，一方面积累了企业的财务、供应商数据，也通过CRM系统积累了客户数据，通过CAD等积累了研发过程数据，通过摄像头积累了生产安全数据等；另一方面越来越多的外部数据也被收集回来，包括市场数据、社交网络数据、企业舆情数据等。

三是数据粒度不断细化。从一款产品到多款、多系列产品使得产品数据不断细化，从单机机床到联网机床，使得数据交互频率大大增强；加工精度从1mm提升到0.2mm，从每5分钟的统计到每5秒的全程监测，都使采集到的数据精细度不断提升。

以上三个维度最终导致企业所积累的数据量以加速度的方式在增加，构成了工业大数据的集合。不管企业是否承认，这些数据都堆砌在工厂的各个角落，而且在不断增加。

再从企业经营的视角来看待这些工业数据，可以按照数据的用途分成以下三类：

第一类是经营性数据，如财务、资产、人事、供应商基础信息等数据，这些数据在企业信息化建设过程中陆陆续续积累起来，表现了一个工业企业的经营要素和成果。

第二类是生产性数据，这部分是围绕企业生产过程中积累的数据，包括原材料、研发、生产工艺、半成品、成品、售后服务等。随着数字机床、自动化生产线、SCADA系统的建设，这些数据也被企业大量记录下来，其是工业生产过程中价值增值的体现，是决定企业差异性的核心所在。

第三类是环境类数据，包括布置在机床的设备诊断系统，库房、车间的温湿度数据，以及能耗数据、废水废气的排放等数据。这些数据对工业生产过程起到约束性作用。

从目前的数据采用情况来看，经营性数据利用率最高，生产性数据和环境类数据相比差距比较大。从未来数据量来说，生产性数据在工业企业数据中的占比将越来越大，环境类数据也将越来越多样化。

二、车间大数据应用场景分析

（一）加速产品创新

工业大数据也是一个全新的概念，从字面上理解，工业大数据是指在工业领域信息化应用中所产生的大数据。随着信息化与工业化的深度融合，信息技术渗透到工业企业产业链的各个环节，条形码、二维码、RFID、工业传感器、工业自动控制系统、工业物联网、ERP、CAD/CAM/CAE/CAI 等技术在工业企业中得到了广泛应用，尤其是随着互联网、移动互联网、物联网等新一代信息技术在工业领域的应用，工业企业也进入了互联网工业的新的发展阶段，工业企业所拥有的数据也日益丰富。工业企业中生产线处于高速运转，由工业设备所产生、采集和处理的数据量远大于企业中计算机和人工产生的数据量，从数据类型看也多是非结构化数据，生产线的高速运转则对数据的实时性要求也更高。因此，工业大数据应用所面临的问题和挑战并不比互联网行业的大数据应用少，某些情况下甚至更为复杂。

工业大数据应用将带来工业企业创新和变革的新时代。通过互联网、移动物联网等带来的低成本感知、高速移动连接、分布式计算和高级分析，信息技术和全球工业系统正在深入融合，给全球工业带来了深刻的变革，创新企业的研发、生产、运营、营销和管理方式。这些创新给不同行业的工业企业带来了更快的速度、更高的效率和更强的洞察力。工业大数据的典型应用包括产品创新、产品故障诊断与预测、工业生产线物联网分析、工业企业供应链优化和产品精准营销等诸多方面。

客户与工业企业之间的交互和交易行为将产生大量数据，挖掘和分析这些客户动态数据，能够帮助客户参与到产品的需求分析和产品设计等创新活动中，为产品创新做出贡献。福特公司是这方面的表率，他们将大数据技术应用到了福特福克斯电动车的产品创新和优化中，这款车成了一款名副其实的"大数据电动车"。第一代福特福克斯电动车在驾驶和停车时产生大量数据。在行驶中，司机持续地更新车辆的速度、刹车、电池充电和位置信息。这对于司机很有用，同时数据也传回福特工程师那里，借此可以了解客户的驾驶习惯，包括如何充电、何时充电及何处充电。即使车辆处于静止状态，它也会持续将车辆胎压和电池系统的数据传送给最近的智能电话。这种以客户为中心的大数据应用场景具有多方面的好处，因为大数据实现了宝贵的新型产品创新和协作方式。司机获得有用的最新信息，而位于底特律的工程师汇总关于驾驶行为的信息，以了解客户，制订产品改进计划，并实施新产品创新。另外，电力公司和其他第三方供应商也可以分析数百万千米的驾驶数据，以决定在何处建立新的充电站，以及如何防止脆弱的电网超负荷运转。

（二）产品故障诊断与预测

这可以被用于产品售后服务与产品改进。无所不在的传感器、互联网技术的引入使得产品故障实时诊断变为现实，大数据应用、建模与仿真技术则使得预测动态性成为可能。在马航 MH370 失联客机搜寻过程中，波音公司获取的发动机运转数据对于确定飞机的失联路径起到了关键性作用。以波音公司飞机系统为案例，看看大数据应用在产品故障诊断中是如何发挥作用的。在波音的飞机上，发动机、燃油系统、液压和电力系统等数以百计的变量组成了在航状态，这些数据不到几微秒就被测量和发送一次。以波音 737 为例，发动机在飞行中每 30 分钟就能产生 10TB 数据。这些数据不仅是未来某个时间点能够分析的工程遥测数据，而且促进了实时自适应控制、燃油使用、零件故障预测和飞行员通报，能有效实现故障诊断和预测。再看一个通用电气（GE）的例子，位于美国亚特兰大的 GE 能源监测和诊断（M&D）中心，收集全球 50 多个国家上千台 GE 燃气轮机的数据，每天就能为客户收集 10G 的数据，通过分析来自系统内的传感器振动和温度信号的恒定大数据流，为 GE 公司对燃气轮机故障诊断和预警提供支撑。风力涡轮机制造商 Vestas 也通过对天气数据及其涡轮仪表数据进行交叉分析，从而对风力涡轮机布局进行改善，由此提高了风力涡轮机的电力输出水平并延长了其服务寿命。

（三）工业物联网生产线的大数据应用

现代化工业制造生产线安装有数以千计的小型传感器，来探测温度、压力、热能、振动和噪声。每隔几秒就收集一次数据，利用这些数据可以实现很多形式的分析，包括设备诊断、用电量分析、能耗分析、质量事故分析（包括违反生产规定、零部件故障）等。首先，在生产工艺改进方面，生产过程中使用这些大数据，就能分析整个生产流程，了解每个环节是如何执行的。一旦有某个流程偏离了标准工艺，就会产生一个报警信号，能快速地发现错误或者"瓶颈"所在，也更容易解决问题。利用大数据技术，还可以对工业产品的生产过程建立虚拟模型，仿真并优化生产流程，当所有流程和绩效数据都能在系统中重建时，这种透明度将有助于制造商改进其生产流程。再如，在能耗分析方面，在设备生产过程中利用传感器集中监控所有的生产流程，能够发现能耗的异常或峰值情形，由此便可在生产过程中优化能源的消耗，对所有流程进行分析将会大大降低能耗。

（四）工业供应链的分析和优化

当前，大数据分析已经是很多电子商务企业提升供应链竞争力的重要手段。例如，电子商务企业京东商城通过大数据提前分析和预测各地商品需求量，提高配送和仓储的效能，保证了次日货到的客户体验。RFID 等产品电子标识技术、物联网技术及移动互联网技术能帮助工业企业获得完整的产品供应链的大数据，利用这些数据进行分析，将带来仓储、配送、销售效率的大幅提升和成本的大幅下降。以海尔公司为例，海尔公司供应链体系很完善，它以市场链为纽带、订单信息流为中心，带动物流和资金流的运动，整合全球供应链资源和全球用户资源。在海尔供应链的各个环节，客户数据、企业内部数据、供应商数据被汇总到供应链体系中，通过供应链上的大数据采集和分析，海尔公司能够持续进行供应链改进和优化，保证了海尔对客户的敏捷响应。美国较大的 OEM 供应商超过千家，为制造企业提供超过 1 万种不同的产品，每家厂商都依靠市场预测和其他不同的变量，如销售数据、市场信息、展会、新闻、竞争对手的数据，甚至天气预报等来销售自己的产品。利用销售数据、产品的传感器数据和出自供应商数据库的数据，工业制造企业便可以准确地预测全球不同区域的需求。由于可以跟踪库存和销售价格，可以在价格下跌时买进，所以制造企业便可节约大量的成本。如果再利用产品中传感器所产生的数据，知道产品出了什么故障、哪里需要配件，他们还可以预测何处以及何时需要零件。这将会极大地减少库存，优化供应链。

（五）产品销售预测与需求管理

通过大数据来分析当前需求变化和组合形式。大数据是一个很好的销售分析工具，通过历史数据的多维度组合，可以看出区域性需求占比和变化、产品品类的市场受欢迎程度以及最常见的组合形式、消费者的层次等，以此来调整产品策略和铺货策略。在某些分析中我们可以发现，在开学季高校较多的城市对文具的需求量会提高很多，这样我们可以加大对这些城市经销商的促销，吸引他们在开学季多订货，同时在开学季之前一两个月开始产能规划，以满足促销需求。在产品开发方面，通过消费人群的关注点进行产品功能、性能的调整，如几年前大家喜欢用音乐手机，而现在大家更倾向于用手机上网、拍照分享等，手机的拍照功能提升就是一个趋势，4G 手机也占据了更大的市场份额。通过大数据对一些市场细节的分析，可以找到更多的潜在销售机会。

（六）生产计划与排程

制造业面对多品种小批量的生产模式，数据的精细化自动及时方便地采集（MES/DCS）及多变性导致数据急剧增大，再加上十几年的信息化的历史数据，对于需要快速响应的 APS 来说，是一个巨大的挑战。大数据可以给予我们更详细的数据信息，发现历史预测与实际的偏差概率，考虑产能约束、人员技能约束、物料可用约束、工装模具约束，通过智能的优化算法，制订计划排产，并监控计划与现场实际的偏差，动态地调整计划排产，帮我们规避"画像"的缺陷，直接将群体特征强加给个体（工作中心数据直接改变为具体的一个设备、人员、模具等数据）。通过数据的关联分析并监控它，我们就能计划未来。虽然大数据略有瑕疵，但是只要得到合理的应用，大数据就会变成我们强大的武器。当年，福特问大数据的客户需求是什么，回答是"一匹更快的马"，而不是现在已经普及的汽车。所以，在大数据的世界里，创意、直觉、冒险精神和知识野心尤为重要。

（七）产品质量管理与分析

传统的制造业正面临着大数据的冲击，在产品研发、工艺设计、质量管理、生产运营等各方面都迫切期待着有创新方法的诞生，来应对工业背景下的大数据挑战。例如，在半导体行业，芯片在生产过程中会经历许多次掺杂、增层、光刻和热处理等复杂的工艺制程，每一步都必须达到极其苛刻的物理特性要求，高度自动化的设备在加工产品的同时，也生成了庞大的检测结果。这些海量数据究竟是企业的"包袱"，还是企业的"金矿"呢？如果说是后者的话，那么又该如何快速地拨云见日，从"金矿"中准确地发现产品良率波动的关键原因呢？这是一个已经困扰半导体工程师多年的技术难题。

某半导体科技公司生产的晶圆在经过测试环节后，每天都会产生包含100多个测试项目、长度达几百万行测试记录的数据集。按照质量管理的基本要求，一个必不可少的工作就是需要针对这些技术规格要求各异的100多个测试项目分别进行一次过程能力分析。如果按照传统的工作模式，我们需要按部就班地分别计算100多个过程能力指数，对各项质量特性一一考核。这里暂且不论工作量的庞大与烦琐，哪怕有人能够解决了计算量的问题，但也很难从这100多个过程能力指数中看出它们之间的关联性，更难对产品的总体质量性能有一个全面的认识与总结。然而，如果我们利用大数据质量管理分析平台，除了可以快速地得到一个长长的传统单一指标的过程能力分析报表，更重要的是，还可以从同样的大数据集中得到很多崭新的分析结果。

（八）工业污染与环保检测

《穹顶之下》令人印象深刻的一点是通过可视化报表，柴静团队向观众传递雾霾问题的严峻性、雾霾的成因等。这给我们带来一个启示，即大数据对环保具有巨大价值。《穹顶之下》图表的原生数据哪里来的呢？其实并不都是凭借高层关系获取，不少数据都是公开可查的，在中国政府网、各部委网站、中石油中石化官网、环保组织官网及一些特殊机构，可查询的公益环保数据越来越多，包括全国空气、水文、气象工厂分布及污染排放达标情况等数据。只不过这些数据太分散、太专业、缺少分析、没有可视化，普通人看不懂。如果能够看懂并保持关注，大数据将成为社会监督环保的重要手段。

百度上线的《全国污染监测地图》就是一种很好的方式，结合开放的环保大数据，百度地图加入了污染检测图层，任何人都可以通过它查看全国及自己所在区域省市，所有的在环保局监控之下的排放机构（包括各类火电厂、国控工业企业和污水处理厂等）的位置信息、机构名称、排放污染源的种类，最近一次环保局公布的污染排放达标情况等。可查看距离自己最近的污染源，出现提醒，该监测点检测项目，哪些超标，超标多少倍。这些信息可以实时分享到社交媒体平台，告知好友，提醒大家一同注意污染源情况及个人健康安全。

总体而言，工业大数据应用的价值潜力巨大，但是实现这些价值还有很多工作要做。一是大数据意识建立的问题。过去，也有这些大数据，但由于没有大数据的意识，数据分析手段也不足，很多实时数据被丢弃或束之高阁，大量数据的潜在价值被埋没。二是数据孤岛的问题。很多工业企业的数据分布于企业的各个孤岛中，特别是在大型跨国公司内，要想在整个企业内提取这些数据相当困难。因此，工业大数据应用的一个重要议题是集成应用。

第四节　当电脑直接与机器对话

一、工业机器人——助力智能制造

工业机器人是面向工业领域的多关节机械手或多自由度的机器装置，它能自动执行工作，是靠自身动力和控制能力来实现各种功能的一种机器。它可以接受人类指挥，也可以按照预先编排的程序运行，现代的工业机器人还可以根据人工智能技术制定的原则纲领行动。

调查显示，2005~2012年，全球工业机器人的年均销售增长率为9%，而中国工业机器人年均销售增长率达到25%。中国已经成为工程机械制造大国，但与欧美、日韩等国家仍然有较大差距，接下来必然要向高技术含量和高附加值的方向进行转型，向制造强国迈进，这需要更加精密的加工与制造手段，以及更智能化的工业机器人。

（一）工业机器人组成系统

现代工业机器人本身就是一个高度集成化的复杂机电产品，机器人的机械结构系统由机身、手臂、末端执行器三大件组成，而在工作环境下，由很多个分系统协调完成计算机指令动作。这些分系统主要包括以下几种：

1.驱动系统

要使机器人运行起来，需给各个关节即每个运动自由度安置传动装置，这些传动装置组成驱动系统，相当于人体的肌肉，驱动关节旋转和摆动，可以是液压传动、气动传动、电动传动，或者把它们结合起来应用的综合系统。

2. 感受系统

测量回转关节位置的轴角编码器、控制速度的测速计都是工业机器人内部传感器，几乎所有的工业机器人都有。视觉传感器是外部传感器，可为更高层次的工业机器人控制提高适应能力。

3. 环境交互系统

机器人—环境交互系统是实现机器人与外部环境中的设备相互联系和协调的系统。机器人与外部设备集成为一个功能单元，如加工制造单元、焊接单元、装配单元等。当然也可以是多台机器人集成为一个去执行复杂任务的功能单元。

4. 人机交互系统

人机交互系统是人与机器人进行联系和参与机器人控制的装置。例如，计算机的标准终端、指令控制台、信息显示板、危险信号报警器等。

5. 控制系统

控制系统用来控制工业机器人按规定要求动作，是工业机器人的关键和核心部分，它类似于人的大脑，控制着工业机器人的全部动作。工业机器人功能的强弱以及性能的优劣，主要取决于控制系统。工业机器人控制系统可分为开环控制系统和闭环控制系统。控制系统的任务是根据机器人的作业指令及从传感器反馈回来的信号，支配机器人的执行机构去完成规定的运动和功能。如果机器人不具备信息反馈特征，则为开环控制系统；具备信息反馈特征，则为闭环控制系统。根据控制原理可分为程序控制系统、适应性控制系统和人工智能控制系统。

多数工业机器人采用计算机控制，一般分为决策级、策略级和执行级。决策级的功能是识别环境、建立模型，将作业任务分解为基本动作序列；策略级将基本动作变为关节坐标协调变化的规律，分配给各关节的伺服系统；执行级给出各关节伺服系统执行给定的指令。

（二）工业机器人的种类

工业机器人已经越来越广泛地应用于生产制造的各个环节，不同种类的机器人共同组成了工厂中的机器人系统。常见的机器人包括以下几种：

1. 移动机器人

移动机器人（AGV）是工业机器人的一种类型，它由计算机控制，具有移动、自动导航、多传感器控制、网络交互等功能，它可广泛应用于机械、电子、纺织、卷烟、医疗、食品、造纸等行业的柔性搬运、传输等功能，也用于自动化立体仓库、柔性加工系统、柔性装配系统（以 AGV 作为活动装配平台）；同时可在车站、机场、邮局的物品分拣中作为运输工具。

移动机器人是国际物流技术发展的核心技术和设备，是用现代物流技术配合、支撑、改造、提升传统生产线，实现点对点自动存取的高架箱储、作业和搬运相结合，实现精细化、柔性化、信息化，缩短物流流程，降低物料损耗，减少占地面积，降低建设投资等的高新技术和装备。

2. 点焊机器人

焊接机器人具有性能稳定、工作空间大、运动速度快和负荷能力强等特点，焊接质量明显优于人工焊接，大大提高了点焊作业的生产率。

点焊机器人主要用于汽车整车的焊接工作，生产过程由各大汽车主机厂负责完成。国际工业机器人企业凭借与各大汽车企业的长期合作关系，向各大型汽车生产企业提供各类点焊机器人单元产品并以焊接机器人与整车生产线配套形式进入中国，在该领域占据市场的主导地位。随着汽车工业的发展，焊接生产线要求焊钳一体化，重量越来越大，165kg 点焊机器人是目前汽车焊接中最常用的一种机器人。

3. 弧焊机器人

弧焊机器人主要应用于各类汽车零部件的焊接生产。在该领域，国际大型工业机器人生产企业以向成套装备供应商提供单元产品为主。一些公司主要从事弧焊机器人成套装备的生产，根据各类项目的不同需求，自行生产成套装备中的机器人单元产品，也可向大型工业机器人企业采购并组成各类弧焊机器人成套装备。

弧焊机器人的关键技术如下：

①弧焊机器人系统优化集成技术：弧焊机器人采用交流伺服驱动技术以及高精度、高刚性的 RV 减速机和谐波减速器，具有良好的低速稳定性和高速动态响应，并可实现免维护功能。

②协调控制技术：控制多机器人及变位机协调运动，既能保持焊枪和工件的相对姿态以满足焊接工艺的要求，又能避免焊枪和工件的碰撞。

③精确焊缝轨迹跟踪技术：结合激光传感器和视觉传感器离线工作方式的优点，采用激光传感器实现焊接过程中的焊缝跟踪，提升焊接机器人对复杂工件进行焊接的柔性和适应性，结合视觉传感器离线观察获得焊缝跟踪的残余偏差，基于偏差统计获得补偿数据并进行机器人运动轨迹的修正，在各种工况下都能获得最佳的焊接质量。

4. 激光加工机器人

激光加工机器人是将机器人技术应用于激光加工中，通过高精度工业机器人实现更加柔性的激光加工作业。系统通过示教盒进行在线操作，也可通过离线方式进行编程。该系统通过对加工工件的自动检测，产生加工件的模型，继而生成加工曲线，可以利用 CAD 数据直接加工，可用于工件的激光表面处理、打孔、焊接和模具修复等。

激光加工机器人的关键技术如下：

①激光加工机器人结构优化设计技术：采用大范围框架式本体结构，在增大作业范围的同时，保证机器人精度。

②机器人系统的误差补偿技术：针对一体化加工机器人工作空间大、精度高等要求，并结合其结构特点，采取非模型方法与基于模型方法相结合的混合机器人补偿方法，完成几何参数误差和非几何参数误差的补偿。

③高精度机器人检测技术：将三坐标测量技术和机器人技术相结合，实现了机器人高精度在线测量。

④激光加工机器人专用语言实现技术：根据激光加工及机器人作业特点，完成激光加工机器人专用语言。

⑤网络通信和离线编程技术：具有串口、CAN 等网络通信功能，实现对机器人生产线的监控和管理，并实现上位机对机器人的离线编程控制。

5. 真空机器人

真空机器人是一种在真空环境下工作的机器人，主要应用于半导体工业中，实现晶圆在真空腔室内的传输。真空机械手难进口、受限制、用量大、通用性强，成了制约半导体装备整机的研发进度和整机产品竞争力的关键部件。而且国外对中国买家严加审查，归属于禁运产品目录，真空机械手已成为严重制约我国半导体设备整机装备制造的"卡脖子"问题。直驱型真空机器人技术属于原始创新技术。

真空机器人的关键技术如下：

①真空机器人新构型设计技术：通过结构分析和优化设计，避开国际专利，设计新构型满足真空机器人对刚度和伸缩比的要求。

②大间隙真空直驱电机技术：涉及大间隙真空直接驱动电机和高洁净直驱电机开展电机理论分析、结构设计、制作工艺、电机材料表面处理、低速大转矩控制、小型多轴驱动器等方面。

③真空环境下的多轴精密轴系的设计：采用轴在轴中的设计方法，减小轴之间的不同心及惯量不对称的问题。

④动态轨迹修正技术：通过传感器信息和机器人运动信息的融合，检测出晶圆与手指之间基准位置之间的偏移，通过动态修正运动轨迹，保证机器人准确地将晶圆从真空腔室中的一个工位传送到另一个工位。

⑤符合 SEMI 标准的真空机器人语言：根据真空机器人搬运要求、机器人作业特点及 SEMI 标准，完成真空机器人专用语言。

⑥可靠性系统工程技术：在 IC 制造中，设备故障会带来巨大的损失。根据半导体设备对 MCBF 的高要求，对各个部件的可靠性进行测试、评价和控制，提高机械手

各个部件的可靠性，从而保证机械手满足 IC 制造的高要求。

6. 洁净机器人

洁净机器人是一种在洁净环境中使用的工业机器人。随着生产技术水平不断提高，其对生产环境的要求也日益苛刻，很多现代工业产品生产都要求在洁净环境中进行，洁净机器人是洁净环境下生产需要的关键设备。

洁净机器人的关键技术如下：

①洁净润滑技术：通过采用负压抑尘结构和非挥发性润滑脂，实现对环境无颗粒污染，满足洁净要求。

②高速平稳控制技术：通过轨迹优化和提高关节伺服性能，实现洁净搬运的平稳性。

③控制器的小型化技术：由于洁净室建造和运营成本高，通过控制器小型化技术减小洁净机器人的占用空间。

④晶圆检测技术：通过光学传感器，能够通过机器人的扫描，获得卡匣中晶圆有无缺片、倾斜等信息。

（三）工业机器人 VS 人类劳动

在现代的工业大生产中，工业机器人将承担越来越多的工作，智能化和自动化的趋势将导致机器人与人类互相争夺工作岗位，以下分别通过成本、易用性、工作能力和创造性四个角度，分析工业机器人和人类劳动的各自优势。

1 成本

据统计，适用于中小型企业工业机器人的每台售价大约在 1 万美元，折合人民币约 7 万元。一些应用在大型设备上的高精度多轴机器人价格高达百万元。而据国家统计局给出的数据，2015 年全年人均工资为 49969 元。也就是说，如果一个中小型企业引进 1 台机器人代替 1 个人工，能在一年半的时间收回成本。

而研究报告显示，2016 年中国员工的工资将平均增长 8%，增幅位列全球第一，企业人工的费用将会越来越高，而随着机器人技术的不断发展，机器人成本反而会越来越低。由此可见，机器人成本将会胜过人工成本。

2. 易用性

工业机器人由主体、驱动系统和控制系统三个基本部分组成。主体即机座和执行机构，包括臂部、腕部和手部，有的机器人还有行走机构。大多数工业机器人有 3~6 个运动自由度，其中腕部通常有 1~3 个运动自由度；驱动系统包括动力装置和传动机构，用以使执行机构产生相应的动作；控制系统是按照输入的程序对驱动系统和执行机构发出指令信号，并进行控制。

工业机器人按程序输入方式分为有编程输入型和示教输入型两类。编程输入型是将计算机上已编好的作业程序文件，通过 RS232 串口或者以太网等通信方式传送到机器人控制柜。示教输入型的示教方法有两种：一种是由操作者用手动控制器（示教操纵盒），将指令信号传给驱动系统，使执行机构按要求的动作顺序和运动轨迹操演一遍；另一种是由操作者直接领动执行机构，按要求的动作顺序和运动轨迹操演一遍。

正是机器人结构控制上的复杂性，使用工业机器人的员工需要专业的操作才能。如果操作不当，就算是一个简单的动作，也可能出现很大的安全事故。相比之下，对于一些简单的工序，由人工来完成会方便很多。

3. 工作能力

工业机器人普遍能达到低于 0.1mm 的运动精度（指重复运动到点精度），抓取重达 1t 的物体，伸展也可达三四米。机器人不仅可以完成高强度的抓取动作，也可以完成十分精细的雕刻工序。

工业机器人在工业生产中能代替人做某些单调、频繁和重复的长时间作业，或是危险、恶劣环境下的作业，如在冲压、压力铸造、热处理、焊接、涂装、塑料制品成型、机械加工和简单装配等工序上，以及在原子能工业等部门中，完成对人体有害物料的搬运或工艺操作。应用在工程机械制造领域的工业机器人主要包括点焊机器人、切割机器人、喷涂机器人、装配机器人及移动机器人等。

由于机器人承担了很多危险或令人厌烦的工作，许多职业病、工伤及因此需要付出的高昂代价都可以避免；此外，由于机器人总是以相同的方式完成其工作，所以产品质量十分稳定。

4. 创造性

自主的意识判断和带有情感的创造性是人类的显著特点，也是人类至今还牢牢将机器人控制在手里的原因。

尽管近几年来，人工智能在不断发展，但是据 Facebook 人工智能研究主任严莱春（Yann Lecunn）表示，如果没有固定的程序指引的话，机器人不可能像人类那样拥有先天性的情绪，也不会产生这样的情绪。在工业上，工人之间可以相互交流，也可以在不同情况下分析问题，还可以及时处理突发情况。而机器人按照特定的程序"思考"，一旦环境突变，还有可能造成机器瘫痪甚至引发安全事故。

综上所述，从不同的角度进行衡量，工业机器人和人类劳动相比，二者具有各自的优势与劣势，所以选用何种加工手段应该基于实际的生产环境与加工特点来判断。在智能制造盛行的今天，人类在工业生产中的作用依然不可取代，所以对于工业机器人与人类劳动的对比不能一概而论。

二、3D 打印——增材制造

3D 打印机不像传统制造机器那样通过切割或模具塑造制造物品，而是通过层层堆积材料形成实体物品，这种方法从物理的角度扩大了数字概念的范围。对于要求具有精确的内部凹陷或互锁部分的复杂形状设计，3D 打印机是目前首选的加工设备，它可以将三维模型中的设计在实体世界中实现。

（一）3D 打印的优势

1. 制造复杂物品不增加成本

就传统制造而言，物体形状越复杂，制造成本越高。对 3D 打印机而言，制造形状复杂的物品成本不增加，打印一个华丽的形状复杂的物品和打印一个简单的方块会消耗掉差不多的时间、技能或成本。

2. 产品多样化不增加成本

一台 3D 打印机可以打印许多形状，它可以像工匠一样每次输出不同形状的物品。传统的方法一直限制于制造设备功能较少，做出的形状种类有限。而 3D 打印技术省去了培训机械师或购置新设备的成本，一台 3D 打印机进行零部件加工只需要不同的数字设计蓝图和一批新的原材料。

3. 无须组装

3D 打印可以使部件一体化成型。相较于传统的大规模生产建立在组装线基础之上，在现代工厂中，机器生产出相同的零部件，然后由机器人或工人组装。产品组成部件越多，组装耗费的时间和成本就越多。3D 打印机通过分层制造可以同时打印（如一扇门及上面的配套铰链），不需要进行组装。省略组装就缩短了供应链，节省了在劳动力和运输方面的花费。

4. 零时间交付

3D 打印机可以按需打印。即时即量的生产极大地减少了企业的实物库存，制造商可以根据客户订单需求使用 3D 打印机定制化制造出满足客户需求的产品，这种制造方式也促进了新商业模式的产生。3D 打印机使得人们所需的物品按需就近生产，零时间交付，并且最大限度地减少长途运输的成本。

5. 设计空间无限

由于传统制造技术和工匠制造的产品形状有限，所以制造形状的能力受制于所使用的工具。例如，传统的木制车床只能制造圆形物品、轧机只能加工用铣刀组装的部件、制模机仅能制造模铸形状，而 3D 打印机完全突破了这些局限，开辟巨大的设计创新空间，甚至可以制作目前只存在于自然界的形状。

6. 零技能制造

3D 打印机从设计文件里获取各种操作指令，做出同样复杂的产品，其所需要的操作技能相较于其他加工方法少很多，非技能制造开辟了新的商业模式，并能在远程或极端情况下为人们提供新的便捷生产方式。

7. 不占空间、便携制造

就单位生产空间而言，与传统制造机器相比，3D 打印机的制造能力更强。例如，注塑机只能制造比自身小很多的物品，与此相反，3D 打印机可以制造比自身还要大的物品。较高的单位空间生产能力使得 3D 打印机适合家用或办公使用，因为它所需的物理空间小。

8 减少废弃副产品

与传统的减材金属制造技术相比，3D 打印机制造金属时产生最少的废弃副产品。传统金属加工的浪费量惊人，一直是令人们头疼的问题，例如，对于一般加工而言，90% 的金属原材料被丢弃在工厂车间里。3D 打印制造金属时浪费量极大地减少，并且随着打印材料的进步，"净成形"制造有希望成为更环保的产品加工方式。

9 材料类型的无限组合

对当今的制造机器而言，将不同原材料结合加工形成单一产品是件难事，传统的制造机器上，切割或模具成型过程很难将多种原材料融合在一起。但是，随着多种材料 3D 打印技术的发展，不同原材料被有机地融合在一起。以前无法混合的原料通过一定方式的混合后将形成新的材料，这些材料色调种类可调节并且具有独特的物理属性或功能。

10. 精确的实体复制

数字音乐文件可以被无休止地复制，音频质量并不会下降。未来，3D 打印将数字精度扩展到实体世界。扫描技术和 3D 打印技术将共同提高实体世界和数字世界之间形态转换的分辨率，我们可以扫描、编辑和复制实体对象，创建精确的副本或优化原件。

以上部分优势目前已经得到证实，其他的会在未来的 10~20 年（或 30 年）成为现实。3D 打印突破了原来熟悉的历史悠久的传统制造限制，为以后的创新提供了舞台。

（二）3D 打印的挑战

和所有新兴技术一样，3D 打印技术也有自己的缺点，它们会成为 3D 打印技术发展路上的绊脚石，影响这项技术的成长速度。3D 打印或许可能为世界带来一些改变，但如果想成为市场的主流，就要克服种种担忧和可能产生的负面影响。

1. 材料的限制

仔细观察周围的一些物品和设备，你就会发现 3D 打印的第一个绊脚石就是所需材料的限制。虽然高端工业印刷可以实现塑料、某些金属或者陶瓷打印，但目前打印的材料都是比较昂贵和稀缺的。

另外，现在的打印机也还没有达到成熟的水平，无法支持我们在日常生活中所接触到的各种各样的材料。研究者在多材料打印上已经取得了一定的进展，但除非这些进展达到成熟并有效，否则材料依然会是 3D 打印的一大障碍。

2. 机器的限制

众所周知，3D 打印要成为主流技术（作为一种消耗大的技术），它对机器的复杂性要求可想而知。目前的 3D 打印技术在重建物体的几何形状和机能上已经取得了一些进展，几乎任何静态形状的物品都可以被打印出来，但对于运动的物体，其几何形状难以捕捉时打印的难度和清晰度就很难得到保证。

这个困难对于制造商来说也许是可以解决的，但是 3D 打印技术想要进入普通家庭，每个人都能随意打印想要的东西，那么机器的限制就必须得到解决。

3. 知识产权的忧虑

在过去的几十年里，音乐、电影和电视产业中对知识产权问题越来越关注。3D 打印技术毫无疑问也会涉及这一问题，因为现实中的很多东西通过这种技术都会得到更加广泛的传播。

人们可以随意复制任何东西，并且数量不限。如何制定 3D 打印的法律法规用来保护知识产权，也是政府相关部门面临的问题之一。

4. 道德的挑战

道德是底线。什么样的东西会违反道德规律，我们是很难界定的，如果有人打印出生物器官或者活体组织，是否有违道德？我们又该如何处理呢？如果无法尽快找到解决方法，相信我们在不久的将来会遇到极大的道德挑战。

5. 费用的承担

3D 打印技术需要承担的费用是高昂的，对于普通大众来说更是如此。例如，上面提到第一台在京东上架的 3D 打印机的售价为 15000 元，又有多少普通家庭愿意花费这个价钱来尝试这种自己不了解的技术呢？

如果想要普及大众，必须把打印机限制在合理的价格，并且让售价与成本不形成冲突。相信自古以来每一种新技术从诞生初期到进入市场，都会面临类似的障碍，但只要找到合理的解决方案，3D 打印技术一定会更加迅速地得到发展与应用。

英国 ETT 工业公司以前设计了两款可让买家自行组装的电动两轮车 Trayser 和 Raker，买家可直接向厂方下载指定的电子档案，便能以 3D 打印机打印配件，装配成最合自己心意的爱车。Trayser 和 Raker 的区别在于前者是电动单车，而后者是动力较大的"电单车"。

两者的车体外形虽有分别，但都是以铝合金激光切割成型，纤薄的车身极具未来感，厂方以此获得 IF 设计奖项。虽是自行组装，但两者的速度绝不逊色于一般的电单车。Trayser 的时速可达 25km/h，而续航力可达 97km；Raker 的最高时速可达 45km/h，续航力 80km。两者均以电力推动，充满电一次需 5h。

第四章 新范式下制造业数字化转型的新模式

随着新一代信息技术的发展，在新的制造范式下，核心数据在企业竞争中占据着越来越重要的位置。将诸多复杂多变的信息转变为可以度量的数字、数据，再以这些数字、数据建立适当的数字化模型，引入计算机内部进行统一处理与机械控制，可实现更精确、更高效、更节能的操控。目前，数字化转型成为企业可持续发展的根本，在数字化转型的基础上，将形成智能制造新模式，由大规模生产转变为以规模经济为基础的定制化、个性化生产模式。

第一节 智能制造新模式的内涵与特征

数字化转型中，在新一代人工智能技术的引领下，制造业的生产技术、生产组织方式、企业管理方式和竞争策略，都将面临着重大调整，为制造业新模式与新业态的形成提供了可能。美国"工业互联网"与德国"工业4.0"中均选择新一代信息技术与制造业的深度融合的发展方向，将智能制造作为主攻方向。随着"工业互联网"与"工业4.0"的推进，全球制造业的创新模式、生产模式和营销服务模式正在发生转变。在全球制造业发生深刻变革的时代，为巩固与提升中国制造业的全球地位，创新驱动是重中之重。

智能制造新模式是指在智能制造技术推动下，制造企业利用单元、系统和管理组织等进行创新，优化生产过程，提升产品和服务价值的新方法和新路径。智能制造新业态是指通过新模式的大规模应用，促使产业链和价值链的解构和重构，衍生叠加出新环节、新活动，实现传统产业要素重新高效组合。

一方面，制造业由强调规模经济效益的大规模生产模式向兼顾规模经济效益与精准满足客户需求的规模定制生产模式发展。规模定制生产模式，不同于工程机械类产品的订单生产模式，其强调产品生产效率，重视规模经济效益；不同于一般消费类产品先生产后销售的以制造商为中心的生产模式，其强调以客户为中心，重视产品的客户需求高匹配度。与此同时，经济社会快速发展，客户需求日益个性化，产品需求日益复杂化，这些特征向规模定制生产模式提出了更高的技术要求。

另一方面，未来工厂将具备未知场景识别、碎片化问题解决、数据／知识捕获等功能，而制造型服务将成为决定产品附加价值的主要推动力。许多制造公司已经意识到制造业和服务业正在融合，经济学方向也已经从产品交付转向与客户的持续互动。先进的、能带来收益的服务与智能传感器和通信的融合所产生的大量数据产品与知识产品已逐渐成为许多制造业者选择的新盈利点。新一代信息技术带来的客户流量与客户流动方式，为制造业者提供了多样化的服务提供方式和商业模式，同时此类模式的成功率在持续提升。制造型服务有两层含义：一是企业内部服务的效率对于制造企业竞争力日益重要，已超过了传统的决定因素，这些内部服务不仅包括产品开发、物流及价值链管理，还包括组织开发和协调、人力资源管理、会计、法律及金融服务；二是与产品相关的外部服务的复杂性和重要性日益提高，维护和修理、运输和安装、系统集成和技术支持，形成企业新的"无形产品"。

第二节　智能制造新模式的技术体系构建

一、智能制造新模式的技术体系框架

新业态主要强调资源整合方式和价值增值方式的改变，而新模式强调具体环节和参与部门的工作方式和组织方式的变化，新模式到新业态是一个从量变到质变的过程。智能制造新模式可以理解为价值创造的一种新方式，因此智能制造新模式的技术体系基于制造业价值链的解构。

通常将技术定义为用于提供产品和服务的技能、物资设备和程序。技能是指用何种方法、何时以及为何使用某种设备和程序的知识和看法。物资设备则由计算机、扫描仪、ATM 或机器人等工具构成。程序是指操作设备的规则和完成工作使用的技术。

制造增值过程中，产品是价值的主要载体，产品技术是由企业的工程技术人员和研究人员组成的研发小组在创建新服务和新产品时开发的；流程技术是企业员工在完成其作业时所用的技术，这些作业包括原材料的购入、生产加工、成品配送、营销和销售、售后服务；信息技术的重要性在制造过程中与日俱增，企业员工用信息技术来获取、处理和交流信息，并可以通过加工某些信息形成新的产品和增值点。产品技术的重要性在于企业的流程设计必须提供由技术进步产生的服务和产品。流程技术的重要性在于可以改进当前的生产系统。信息技术的重要性则在于能够改进企业流程运行中的信息应用。

二、智能制造新模式的技术体系解析

产品技术主要由工程技术人员和科研人员开发，使设想转换为新的服务和产品。开发新的产品技术需要与营销部门密切合作，不仅能发现顾客真正需要的东西，还要与运营部门合作，才能有效地生产产品和提供服务。

管理者和员工利用信息技术获取、处理和传递信息，并做出更有效的决策。信息技术渗透到工作场所的每个职能领域，主要由四个技术分支构成硬件技术、软件技术、数据库技术和通信技术。

一个组织的工作方法取决于流程技术的应用，组织所用的大量流程技术中，有些专门用于一个职能领域，有些则可以被更广泛地应用。技术如何为服务商和制造商价值链中的流程提供支持，其中每项技术可以进一步分为更多的技术。

第三节 智能制造新模式的技术发展热点分析

一、专利文献分析

本节分别对规模定制生产模式、远程运维模式、电子商务模式和 IBM 企业案例相关的专利文献进行分析。

1. 规模定制生产模式

"规模定制生产"领域的专利自 1995 年开始出现明显增长，2005 年的增长速度进一步提高，至今仍处于高速增长状态。

"规模定制生产"领域的专利授权国家和地区首先以中国大陆为主，占比为 46%，我国授权专利数排在前 10 位的机构为清华大学和国家电网；其次是美国和日本，申请"规模定制生产"相关专利的专利权人主要来自日本、美国和德国等，其中授权专利较多的专利权人包括神户制钢公司、西门子、东芝、日立等企业。与国外相比，我国制造企业在"规模定制生产"领域的专利申请明显不足。

"规模定制生产"领域的专利获取年限范围为 1975 年至 2018 年 6 月，分析中将时间线划分为四个阶段，分别为 1975~1990 年（STAGE Ⅰ）、1991~2000 年（STAGE Ⅱ）、2001~2010 年（STAGE Ⅲ）、2011~2018 年（STAGE Ⅳ）。由专利地图聚集区域变化可以看出：STAGEI 中，专利数量较少且分布松散；STAGE Ⅱ 中，专利数量增加且主要聚集在生产计划安排（排产）；STAGE Ⅲ 中，专利数量进一步增长且聚集区域扩大排产、服务响应、规模定制等主题均有涉及；STAGE Ⅳ中，专利数量大幅增加，研究主题覆盖面的高密度区域由右上方向左下方移动，在优化算法、冷加工、网络服务、移动终端、物料运输规划等主题分布密度加大。

2. 远程运维模式

"远程运维"领域的专利长期处于稳步增长过程，至今处于高速增长状态，且"远程运维"领域的专利年度发展趋势与论文年度发展趋势较为一致。

"远程运维"领域的专利授权国家首先以中国为主，占比超过50%，其次是美国、日本和韩国。

排名较前的"远程运维"相关专利的专利权申请人以公司为主，同时有部分高校，其中授权专利较多的专利权人包括中国国家电网、英特尔公司、通用电气公司等企业，浙江大学以排名第五成为"远程运维"领域除公司外专利授权量最大的机构。我国授权专利数量排在前10位的机构有中国国家电网（1）和杭州冷北关技术公司（3）、浙江大学（5）、北京航空航天大学（9）、清华大学（10），占比为50%。

"远程运维"领域的专利获取年限范围为1967年至2018年8月，分析中将时间线划分为三个阶段，分别为1967~1997年（STAGE Ⅰ）、1998~2009年（STAGE Ⅱ）、2010~2018年（STAGE Ⅲ）。由专利地图聚集区域变化可以看出：STAGE Ⅰ中，专利数量较少，主要分布在油压阀门主题，有少部分先进信号分析与微弱特征提取技术相关专利的出现；STAGE Ⅱ中，专利数量变多，聚集区域除先进信号分析与微弱特征提取技术外，还包括远程通信与智能互联技术；STAGE Ⅲ中，专利数量有明显增加，分布区域较为分散，主要集中在先进信号分析与微弱特征提取技术、边缘计算技术、远程通信与智能互联技术等。

3. 电子商务模式

"电子商务"领域的专利自1999年开始出现明显增长，2002年达到专利授权高峰，2003~2011年的专利授权量持续处于较低水平，2012年再次出现明显增长，2014年至今处于波动平稳状态（注：由于DI专利收录具有18个月的滞后性，因此2017年和2018年的专利收录不完全）。

"电子商务"领域的专利授权国家首先以美国为主，占比约为50%，其次是中国和韩国。申请"电子商务"相关专利的专利权人主要来自美国、中国、日本等国，其中授权专利较多的专利权人包括美国的亚马逊、沃尔玛、微软、数字河流等，中国的阿里巴巴、广西家之宝网络科技有限公司，以及日本的日立和乐天。美国企业在电子商务的技术领域具有领先优势。

"电子商务"领域的专利获取年限范围为1997年至2018年7月，分析中将时间线划分为三个阶段，分别为1997~2000年（STAGE Ⅰ）、2001~2010年（STAGE Ⅱ）、

2011~2018 年（STAGE Ⅲ）。由专利地图聚集区域变化可以看出：STAGE Ⅰ 中，专利数量较少且分布区域较为分散；STAGE Ⅱ 中，专利数量明显增加，主题覆盖区域较为全面，包括销售方的数据库相关技术、支付技术、库存技术等；STAGE Ⅲ 中，专利数量进一步增加，分布区域由地图的外围主题向中心聚集，自然语言处理、连接模型、物品辅助选择、图片展示等主题的聚集密度有所提高。

4.IBM 企业案例

从分析中发现 IBM 在各模式下具有突出成果，同时是 20 世纪制造企业转型为服务企业的经典案例。对 IBM 的技术演进轨迹进行分析有助于全面了解制造业新模式的发展以及支撑技术的确定。

IBM 于 1887 年授权第一条专利，20 世纪 70 年代的专利授权量出现量级变化；20世纪 80 年代至 90 年代，技术侧重领域开始出现商业过程；20 世纪 90 年代出现的关于商业过程的专利与面向用户的信息软件技术、信息软件技术编码、数据库管理技术的相似性较高。

二、论文文献分析

本节分别对智能制造新模式、规模定制生产模式、远程运维模式、电子商务模式和商务智能的论文文献进行了分析。

1. 智能制造新模式

以"智能制造新模式"为主题发表的高水平论文呈持续增长趋势。其中 2013 年和 2017 年分别出现小波峰，由于 2018 年的论文收录不满一年，较 2017 年数量有所下降是正常现象。

"智能制造新模式"英文论文的主题分布情况，其中供应链和知识管理主题的文章数量较高。此外，包含文章数量较高的主题还有决策制定、可持续性、仿真、优化等。

"智能制造新模式"英文论文的发表机构中，香港理工大学和美国农业部的发文量较高，分列第一位和第二位，中国科学院、美国佛罗里达大学、美国威斯康星大学发文量紧随其后，分列第三位至第五位。排在前 30 位的文章发表机构中，位于中国内地（大陆）的仅 5 家，分别是中国科学院（3）、上海交通大学（15）、清华大学（20）、大连理工大学（21）和中国农业大学（26）。

"智能制造新模式"主题的英文论文收录期刊主要分布在制造领域，包括运筹学、工业工程、机械工程、环境科学、计算机与信息科学、农学等。

关于规模定制生产和远程运维的中文论文自 2012 年开始有大幅增长，至今仍持续高速增长。

主题为"大规模定制"的文章数量最高，其后依次为"企业管理""运维系统""运维服务""财政管理"（占比最高到占比最低的主题由上至下对应右侧的主题名称）。可见，制造业新模式的发展除了基于工程技术的发展，管理科学与技术在其中也起着重要作用。

2. 规模定制生产模式

"规模定制生产"领域发表的高水平英文论文呈波动增长的趋势，2016年达到最高峰，2017年略有下降。

"规模定制生产"领域英文论文的主题分布，其在增材制造技术主题的文章数量较高，此外，包含文章数量较高的主题分别为定制、规模定制、产品配置、供应链、灵活性、产品设计等。

"规模定制生产"领域英文论文的发表机构中，新加坡南洋理工大学排名第一，德国卡尔加里大学、慕尼黑理工大学的发文量分别排在第二位和第四位，我国东华大学的发文量排名第三，巴西里奥格兰德联邦大学排名第五。

"规模定制生产"主题的英文论文收录期刊主要分布在制造领域，包括生产研究、先进制造技术、智能制造、生产规划、计算机集成制造等。此外，"规模定制生产"主题的英文论文还涵盖生产经济学、管理学、运筹学等学科。

3. 远程运维模式

"远程运维"领域发表的高水平英文论文呈稳定增长趋势，2012年后进入快速增长期，由于2017年及2018年的论文检索尚有滞后，因此最后两年数据不能反映实际情况。

"远程运维"领域英文论文的主题分布，其中数据挖掘、云计算、故障分析、分布式储存等主题较为突出，此外，包含文章数量较高的主题分别为机器学习、物联网、工况检测、异构计算、多尺度模型等。远程运维建立在互联网的基础上，可以看出，近几年互联网的发展及新一代智能方法为远程维护带来了新的活力，为远程运维领域带来了积极影响。

"远程运维"领域英文论文的发表机构中，中国科学院排名第一，清华大学、上海交通大学的发文量分别排名第二和第三，华中科技大学、西安交通大学的发文量排名分别为第四名和第五名。前十名中，中国的机构占据了8个，在该领域有较大的影响力。

"远程运维"主题的英文论文收录期刊主要分布在工程领域，包括电气电子工程、计算机科学、信息系统、通信等，其中，电气电子工程是"远程运维"领域的核心。此外，"远程运维"还覆盖了信息系统、人工智能、材料科学、机械工程、软件工程等学科领域。

4. 商务智能

关于"商业智能"的论文从2002年前后开始出现大幅增长。调查发现，排名前十的论文发表主体中有 9 所高校和 1 家企业，其中企业为 IBM，众所周知，IBM 是由制造业企业转型为服务型企业最成功的案例。

"商业智能"中的关键词，最重要的包括人工智能、数据挖掘、知识管理、神经网络、专家支持系统（专家系统）、供应链管理等。

"商业智能"涉及的学科领域，除了信息系统、人工智能、运筹学与管理科学，还包括众多应用领域，如工业管理、电子与电气工程、软件工程等。由此可见，"商业智能"有可能在制造业的新业态、新模式形成中产生重要影响。

三、智能制造新模式的技术清单框架

基于国内外论文和专利的主题分析，本书最终形成了支持智能制造新模式（主要包含规模定制生产模式、远程运维模式、电子商务模式）发展的技术清单框架，如表 4-1 所示。

表 4-1　智能制造新模式的技术清单框架

序号	技术主题	备注
1	供应处管理	共性技术（价值链重构理论）
2	知识管理系统	共性技术（信息平台）
3	专家系统（智能决策）	共性技术（功能平台）
4	规模定制生产	智能制造新模式（全价值链变化，目前侧重点为产品设计增值）
5	远程运维	智能制造新模式（售后服务增值）
6	电子商务（智能商务）	智能制造新模式（营销／销售增值）

智能制造新模式中，规模定制生产模式能够带来全产业链的变化，侧重点为产品设计增值；远程运维模式侧重于售后服务增值；电子商务模式侧重于营销或销售增值。从当前的技术发展态势来看，规模定制生产模式的发展空间最大，有望进一步带来制造范式的变革。

第四节　智能制造新模式的重心：规模定制生产

随着人们生活水平的提高，客户对于民生消费品的个性化需求逐渐增加，制造企业在提供产品使用价值的同时，满足客户的个性化需求成为制造企业提升市场占有率、增加收益的重要途径。为消费者提供定制化的产品，全面提高消费者的满意度，已经成为企业追求新的竞争优势的必然趋势。

规模定制生产是指对定制的产品进行规模化的生产，它把大规模生产和定制生产这两种模式的优势有机地结合起来，在保证企业经济效益的前提下满足单个消费者的个性化需求。大规模生产模式在牺牲消费者多样、多变需求的基础上具有高效率、低成本的优势；定制生产能够在一定程度上满足消费者的个性化需求，然而不利于对时间、原材料、能源和人力成本的控制。规模定制生产模式采用了柔性的生产过程和组织结构，能够为客户提供更多样化、个性化的产品和服务，并使这些产品和服务能够与标准化的大规模生产模式制造的产品竞争。

定制化生产方式在大型机械行业中一直有着广泛应用，然而在年产量较大的民生消费品行业，利用传统的技术手段实现小批量、多品种、短交付周期的定制化产品生产是十分困难的。新一代信息技术为定制产品的规模化生产提供了技术基础，能够有效地降低成本、节约能耗、缩短交付周期。应用于规模定制生产模式的新一代信息技术主要包括大数据、物联网、云计算和移动互联技术等。同时，数字化、网络化基础上的规模定制生产模式在研发设计的精准性和产品的定制化程度上仍有待进一步提升，人工智能技术将进一步推动规模定制生产模式的发展。

本节根据案例调研和专家访谈，深入探讨规模定制生产模式融入人工智能技术的必要性及关键技术，并依据规模定制生产模式的发展趋势提出对策和建议。

一、规模定制生产模式的内涵

规模定制生产模式正在数字技术普遍应用、网络技术支撑的前提下悄然兴起，家电、家具、服装等民生消费品行业规模定制生产的知识积累模式和生产调度优化的驱动模式已经发生改变。

供给侧改革深刻影响着制造业的经营模式和理念。家电、家具、服装企业价值链逐步由以产品为中心向以客户为中心转变，规模定制生产模式正在影响着这三个行业的发展，为了适应消费结构升级的需要，其产品结构正在向多层次、定制化方向发展。

首先，客户需求的快速响应成为竞争焦点。一种新产品从构思、设计、试制到商业性投产，在19世纪大约要经历70年的时间，在20世纪两次世界大战之间则缩短为40年，第二次世界大战后至20世纪60年代更缩短为20年，20世纪70年代以后又进一步缩短为5~10年，而现在只需2~3年甚至更短的时间，这种态势必然导致市场竞争焦点的快速转移。当差异化和低成本制造方式能够共同实现时，能否快速响应客户需求成为决定企业生存能力的重要因素，差异化的市场定位成为竞争的必要条件。在此基础上，根据不同需求推行快速交货，保障高质量、低成本和重环保的市场供应便成为影响竞争优势的关键因素。

其次，环境资源的有限引发了客户的定制化需求。例如，房价上涨导致大部分居民只能购买有限的居住空间，而房屋资源的有限带来了全屋定制家具的兴起，以使有限空间达到最大使用效率。此外，越来越多的人认识到能源的珍贵，从而对家用电器的能耗和智能使用有了更高的要求。

最后，个性化追求带来了客户的定制化需求。根据需求理论，随着人们生活水平的提升，客户对于产品的基本功能获得满足之后，借助产品体现个人品位、文化修养的需求越发强烈。客户对于服装款式的要求越来越多样化，希望得到不同于其他人的、能够彰显个人品位的服饰。此外，客户对于家电的样式也有了更多的要求，家电不再是传统的款式，而是可以如艺术品一样成为装饰。

二、规模定制生产模式的技术体系

应用于规模定制生产模式的新一代信息技术主要包括大数据、物联网、云计算和移动互联。利用企业系统数据、商场客流数据、电子商务数据、国际贸易数据和网络评论数据等，与适用环境模型数据、地域特征与文化需求数据、流行趋势相关数据和设计模板数据等多维度数据进行集成，基于数据挖掘工具形成发展趋势动态分析报告、网络舆情报告、销售分析报告等，为企业定制生产服务需求提供决策依据。在产品、制造车间及单元制造设备等环节应用射频识别技术和微纳传感技术，形成生产、流通、销售环节的透明化大数据，为数据共享和客户查询提供基础条件。利用云计算实现数据的备份、查询、分析和挖掘的模块化、服务化，降低企业硬件设施及软件投入成本，加快大数据应用的进度。此外，利用移动互联网平台实现需求分析、交互设计及销售服务的网络化和个性化。

在新一代信息技术的引领下，企业一方面利用用户交互平台将碎片化、个性化的需求汇聚成批量订单，另一方面通过信息物理系统，促进制造工艺和流程的数字化管理与产品个性化消费需求的柔性匹配，实现规模定制生产。目前，家电、家具和服装行业的规模定制生产模式基本完成了数字化、网络化的试点示范，个别企业还对人工智能技术的应用进行了初步的探索。

规模定制生产模式能够带来制造业价值链的重构。规模定制生产模式需要包括以下几个功能：信息系统管理、供应链管理、现代物流工程与管理、企业管理、系统仿真、生产与运作管理、现代质量管理及人因工程。不同的功能需求模块对应多个研究方向及技术支持，这些构成了规模定制生产模式的技术体系。

三、规模定制生产模式的发展关键点

根据家具、家电、服装和汽车行业的案例调研和专家访谈，研究发现数字化、网络化基础上的规模定制生产模式仍有待进一步提升，人工智能技术有望引领规模定制生产模式的"瓶颈"突破。

数字化、网络化基础上的规模定制生产模式仍有待进一步提升，主要表现在两个方面：研发设计的精准性和产品的定制化程度。

目前，研发设计主要基于客户与设计师之间的互动交流。一方面，设计师根据经验做出设计，但由于设计师能力的参差不齐，设计不一定能够满足客户的定制化需求。另一方面，定制的产品是否具备生产条件是基于设计师的个人判断，一定程度上限制了定制产品的创意和个性化程度。实现定制产品研发设计的高效和精准需要集成更复杂、多维的数据以及更高效的数据处理和数据挖掘技术。

定制化程度是指满足客户需求的工艺条件，定制化产品的通用生产模块仍有进一步解构的空间，现有的数字化、网络化技术尚不能有效解决更为复杂多样的生产模块加工优化。制造过程中资源能源的高效利用也有待加强，基于数字化、网络化技术能够实现自动排产，但在更为复杂的生产条件下排产模型和方法仍需更新。

为了解决规模定制生产模式在家电、家具和服装行业存在的问题，研究发现，利用人工智能技术加强信息反馈和数据挖掘能力，能够实现现有的研发设计系统、虚拟制造仿真优化系统、规模定制生产系统的升级。其主要包括以下关键技术：

第一，多源跨媒体异构数据库建设。异构集成产品数据库、使用环境数据库、解决方案数据库和生产工艺数据库，开发网络化智能测试系统和客户需求在线交互平台采集客户数据，将客户数据、设计数据、虚拟制造数据、生产数据构建在云端，成为神经网络、深度学习等算法运行的基础。

第二，基于大数据的设计需求特征挖掘系统。基于社群生态，对客户来源信息、基本信息、个性化需求信息（包括可选性信息和产品物理信息）及定制产品的服务信息进行采集汇聚，与异构数据库进行匹配，利用机器学习算法、深度学习模型、模式识别、文本挖掘、三维模型识别、产品使用环境模型匹配、图像处理等智能分析技术实现深度数据挖掘，实现智能解决方案推荐、智能设计师推荐、智能优化产品设计及智能原材料采购预测等。

第三，虚拟体验系统及虚拟制造。采用虚拟现实技术、云渲染平台、虚拟现实互动体验技术快速实现设计方案的虚拟仿真，实现设计阶段的客户完整产品体验。采用多种调度模型和求解算法，将不同材质、不同类型的定制产品订单快速拆分再合理组织成批次，在虚拟制造系统中实现订单管理和智能排产。打通研发设计与虚拟制造之间的边界，彻底解决个性化设计与规模化生产之间的矛盾。

第四，全流程信息自动采集、生产管控与协同优化系统。通过虚拟制造、微纳传感、条码标签等手段，在规模定制产品柔性制造混流生产中，实现生产工艺、生产计划、生产状态、生产设备和品质分析等信息的在线查询和实时管控，优化仓储、设备、质量、物流管理和销售，并完成对研发设计环节的数据反馈，达到全流程协同优化的目的。

四、规模定制生产模式的发展支撑

为了进一步推广融入人工智能技术的规模定制生产模式，基于其发展趋势，需从以下方面夯实发展基础，培育新模式新业态：

第一，加强顶层设计和规划引导。论证规模定制生产模式在家具、家电、服装行业的发展趋势和中长期发展目标，并制定有效的推广策略；研究规模定制生产模式在其他行业的发展潜力和发展"瓶颈"，如汽车行业，引导规模定制生产模式的高效推广；监测跟踪规模定制生产模式发展过程中存在的新情况、新问题，加强专项问题研究，做好政策储备。

第二，激发企业活力。创新是企业快速发展的核心动力，为了激发企业活力，需要制定策略以强化知识产权保护，从而鼓励技术创新，以技术创新激发市场需求，以市场需求带动企业发展。

第三，培养促进规模定制生产模式发展的人才。人才是产业发展的核心，也是促进制造业进入新业态、新模式的前提条件，应着力于人才的多层次、多方位培养，进行教育制度改革，优化课程设计，同时加强系统性职业培训，提高从业人员的业务能力，确保人才供应，以满足规模定制生产的快速发展。

第四，加大对规模定制生产模式的金融支持。加强金融政策的灵活使用，提供多种融资方式，降低企业融资成本，通过金融手段优化资源配置，降低规模定制生产创新创业的投入成本与风险，为传统制造业转型升级提供支撑。

第五章 新范式下制造业数字化转型的治理工具

在新的发展范式下，培育发展新兴产业已成为一个国家产业结构升级、实现数字化转型、抢占世界经济发展制高点的关键。世界各国纷纷将新兴产业的发展提升到国家战略高度，针对新能源、生物制药、信息基础设施、新能源汽车等成长潜力大、综合效益好的产业领域，制定发展规划和目标，应用各种治理工具，大力推动新兴产业加速发展。研究国外在促进新兴产业发展方面做出的重要举措，对我国制定相应政策具有重要的借鉴作用。本章重点分析了发达国家为了推进新兴产业发展所采用的政府采购与政府补贴两种经典治理工具，以期为我国培育发展战略性新兴产业、促进制造业数字化转型提供参考。

第一节 新兴产业发展治理工具概述

为了在国际分工格局调整中占据优势地位，世界发达国家纷纷运用各种政策工具培育发展新兴产业，鼓励新兴企业创新，创造良好的市场环境，引导和促进新兴产业的发展。

治理工具，也称政策工具，是指被设定为旨在实现一定政策目标的各种措施、策略、方法、技术、机制、行动、作为，以及配置的人力、资源、设备、资源等手段。促进新兴产业发展的治理工具具有不同的表现形式，总体来说，可以分为供给型、环境型和需求型三大类。其中，供给型治理工具表现为政策对科技活动的推动力，是指政府通过对人才、技术、资金、公共服务等的支持直接扩大技术的供给，推动科技创新和新产品开发；环境型治理工具则表现为政策对科技活动的影响力，指政府通过目标规划、金融支持、税收优惠、法规管制、产权保护等政策来影响科技发展的环境因素，从而间接影响并促进科技创新和新产品开发；需求型治理工具是指通过政府采购、贸易政策、政府补贴、应用示范、价格指导等措施减少市场的不确定性，积极开拓并稳定新技术应用的市场，来拉动技术创新和新产品开发。

发达国家往往通过政府采购、税收优惠、政府补贴、金融支持、政府规制和国际贸易等途径支持新兴产业创新发展。其中，政府采购与政府补贴是两种最经典的产业治理工具，本章将重点阐述发达国家如何采用这两种治理工具培育发展新兴产业。

第二节　新范式下的政府采购

一、政府采购概述

政府采购指政府通过对特定产品、技术的大宗采购，提供相对稳定的市场预期，降低市场的不确定性，激发企业创新的决心，包括中央或地方政府的采购、公共事业等。政府采购包含创新产品采购和R&D采购，政府既可以直接采购产品，也可以通过购买新技术的方式来促进多种主体的自主技术创新。目前，政府采购是世界上许多国家发挥政府调控经济功能、体现国家战略意图、促进技术创新的有力手段，也是从需求侧支持本国企业创新的重要政策工具，对于促进新兴产业创新发展有重要的作用。

技术创新是一种从新设想的产生到研究、发展、试制、生产制造再到首次商业化的全过程。创新成果的市场化是其中很重要的一个环节。政府采购对技术创新的作用主要表现在以下三个方面：一是政府采购为技术创新创造了一个特殊的"政府市场"，补充技术创新的市场需求，一定程度上弥补了创新产品和技术推广应用初期存在的"市场失灵"；二是政府采购通过对拟订采购物品的性能规格进行明确要求，或对不确定的创新方案与供应商协商确定，可对技术创新发挥宏观引导作用，政府可以根据国情和国家技术跨越战略选择需重点发展的技术项目；三是创新的风险与高成本是创新的重要障碍，政府采购市场可以充当技术创新产品的实验场，在创新活动的最终环节予以间接的支持，分担技术创新的风险，使那些有发展前景而当前市场一时不能接受的科技成果完成创新过程。

二、发达国家政府采购政策的发展

发达国家通常非常重视通过政府采购促进自主创新，其中，高新技术产品的购买对经济发展起到了重要的推动作用。美国是最早使用政府采购促进创新和新兴产业发展的国家，也是应用最成功的国家，政府采购政策对美国电子、半导体和计算机工业等产业的发展起到了关键性的扶持和促进作用，如20世纪60—70年代集成电路发展初期，政府采购比例一度达到94%。美国政府对本国高新技术的采购加速了企业技术创新成果转化、商品化和产业化的过程，也引发了后来美国"硅谷"和"128号公路高技术产业带"的迅速崛起。20 世纪 70 年代初期，美国政府实施试验性激励技术计划，美国联邦标准局连同科学基金委，通过政府采购，刺激工业产业界参与研发项目，并在采购合同上明确提出促进技术创新的政策采购细则。总之，政府采购政策对美国电子产业发展起到了关键性的作用。

除美国外，欧洲发达国家也很重视利用采购政策促进企业创新。2004 年，法、德、英三国政府向欧盟议会提交了一份关于"构建创新型欧洲"的报告文件，建议欧洲采用政府采购政策刺激创新，提出要构建创新型、友好型市场，在建立和谐的制度规则、有雄心的标准应用、有竞争力的知识产权体制和拉动需求的公共采购方面采取行动。2006 年，欧盟委员会发布战略性的创新政策文件，高度重视公共采购在创新和创造市场的重要作用。欧盟提出了 PCP（Pre-Commercial Procurement）作为促进创新的政策工具。PCP 是指在商品进入生产或大规模商业化之前，公共采购部门与供应商签订远期合约，约定在未来的某个时间按照事先确定的绩效目标和成本条款来供应商品或服务。这种采购方式一般分为三个阶段：第一阶段是方案探索阶段，第二阶段是产品原型和试生产阶段，第三阶段是应用测试阶段。随着阶段的推进，根据评估情况，供应商的数量可以逐步减少，到第三阶段，应保留两家以上的供应商以保持未来市场的竞争性。

此外，有关学者对芬兰创新商业化的研究表明，48% 的创新成功项目主要得益于公共采购。芬兰、法国等欧盟国家把政府技术采购分为发展性技术采购和适应性技术采购，进而采取不同的采购方式和采购合同。2013 年捷克共和国政府采购的费用为 4750 亿捷克克朗，占 GDP 的 12%；2010 年以来捷克政府采购占 GDP 的比例在下降，主要是因为货币紧缩政策。

三、发达国家政府采购案例

下面以英国 PCP 采购为例，阐述英国政府为促进中小企业技术创新制定的政府采购过程，以及促进新兴产业创新发展的政策经验。

为了解决政府和公共部门面临的挑战，加强研发投入对未来商业利益的基础性作用的意识，2011 年，英国技术战略委员会提出《小型企业创新研究计划》。英国技术战略委员会是由英国商业、创新和技能部赞助成立的，是一个商业领导的非政府公共行政机构，其主要功能是为保障英国企业利益，促进支持研发和技术创新。

《小型企业创新研究计划》是技术战略委员会为促进英国新兴产业技术创新发展启动的计划，2011 年 1 月 10 日发起的"掀起浪潮：手语沟通系统"行动是此次计划采取的行动之一，此创新产品主要是帮助残疾或有交流障碍的学习者通过移动设备进行沟通。

　　上述行动分两个阶段完成。第一阶段是概念测试阶段，用来检测此项技术的适用性，计划基金包揽了第一阶段（最长 6 个月），共支出 25 万英镑。第二阶段为发展推广阶段，主要是利用第一阶段创新出来的技术进行推广示范。此项行动共 11 项评价标准，从建议免费和开放的资源软件模型，到遴选公司来检测可用性、技术稳定性和支出的有效性。此项计划建议书提交时间为 2011 年 3 月 12 日，周期为 2 个月，从中可以看出政府希望申请的公司能够较快地反馈。与申请成功的公司签订合同的日期为 2011 年 4 月 21 日，解决方案可行性报告需要在 2011 年 10 月 28 日前反馈。

　　第一阶段共有 3 家企业被提供资金支持，经过一段时间的严格审查和评估，两家公司（Gamlab 和 Technabling）成功发展到第二阶段。Gamlab 公司携手微软 Kinect 技术开发了手势识别程序（Ukinect），Technabling 公司开发的"手提手语翻译器"可以帮助手语者将手语转换成文字，从而实现与非手语者的沟通，这是一种便携式、灵活、可定制的解决方案。这两个手语识别示范项目可以帮助语言功能障碍者通过手持移动设备进行交流。

　　人们认为 Ukinect 和手提式手语翻译器可用于教育和社会领域，可以说这是一个非常有潜力的市场。目前，两家公司仍致力于改进技术以囊括所有的英语手语语言，把现有的原型改进成普通消费者支付得起的成熟产品。

第三节　新范式下的政府补贴

一、政府补贴概述

　　广义上来说，比较常见的政府补贴模式有以下几种：税收优惠模式、财政补贴模式和要素支持模式。

　　①税收优惠模式。通常对高新技术和新能源产业的税收优惠主要包含对企业所得税的优惠和减免营业税、个人所得税、房产税、印花税等，直接的企业所得税的优惠包括减免税收和税率优惠等，间接的企业所得税的优惠包含税收扣除、准备金制度、税收抵免等。对高新技术和新能源产业实行税收优惠有利于扩大企业进行技术研发和再创新的规模，提升技术创新能力，提高资源效率。

　　②财政补贴模式。一般而言，财政补贴主要涉及价格补贴，实施价格补贴主要面临补贴对象（生产者和消费者）与补贴标准（补贴比例的规定）两大问题。补贴给生产者有利于激励生产者扩大生产规模、增加投入，从而降低成本、增加收益；补贴给消费者意在扩大消费者的消费需求，通过价格补贴，加大消费者选择新能源产品的空

间，提高新能源产品的市场占有率。

③要素支持模式。要素支持是指政府在资金、土地、设备等生产要素上对新能源产业提供的政策扶持。政府的资金支持有多种形式，如科研经费、资金奖励、信贷补息及专门的风险基金。对生产要素的支持，有助于加强技术设施建设，降低产业发展过程中的技术风险，解决新能源产业在发展过程中的资金、技术、土地等基础要素的问题，提升技术创新程度。

在新兴产业发展过程中，企业往往面临着来自技术、市场和政策方面的内外部不确定性等风险。技术风险是指技术环境和技术本身的不确定性，市场风险是指市场竞争中消费者的结构、偏好、差异性、规模大小及竞争强度的不确定性，这些风险在新兴产业的发展过程中往往更加显著，此时，政府实施一系列的补贴扶持政策，可以降低新兴产业发展中面临的内外部风险，促进了新兴产业的发展。

一般而言，政府补贴对新兴产业发展的作用机理主要体现在以下几个方面：首先，政府补贴会引起新兴产业供给结构的调整，政府补贴会降低企业的生产成本，扩大企业的生产规模，增加企业利润，提高产品供给的数量；其次，政府补贴还会引起新兴产业需求结构的调整，通过对消费者的价格补助，可增大消费者选择新能源产品的概率，提升消费能力和水平，从而影响需求结构的调整；最后，政府补贴可以内化外部效应，对新兴产业的研发投入和创新可以弥补其外部效应，使其内在化。

二、发达国家政府补贴政策发展

新能源产业的政府补贴政策，主要聚焦于对其他新兴产业的补贴政策和普惠的政府补贴政策具有借鉴作用。

对于新能源的补贴政策，欧盟国家主要侧重于四个方面：第一，价格激励，欧洲各国根据新能源电力的不同特点，制定合理的新能源电力固定上网电价；第二，投资补贴，对新能源的投资补贴涉及多个领域，如光伏发电、生物质能、风电等，具有补贴力度大且持续时间长的特点；第三，税收政策，主要集中在对化石能源消费征收重税和对可再生能源利用实行免税政策，如欧盟对生物液体燃料免征燃料税，从而推动生物液体燃料的发展；第四，配额制度，构建"绿色电力证书"交易市场，使其可以在市场顺利流通。

在德国，2011年以前实行固定电价政策，近期，德国可再生能源的发展进入"政府有限支持＋参与市场竞争"模式，德国成为首个取消新能源电价补贴的国家，从2017年开始，德国的可再生能源不再享有固定的上网电价补贴，而是通过竞拍的方式，采用议价上网体制。

英国实行可再生能源义务制度，并结合差价合约固定电价政策，从2014年起，高于 5 兆瓦的发电商可在配额制与差价合约固定电价政策之间进行选择，2017 年后则不再实行配额制政策。此外，英国还制定碳交易价格下限（CPF）和碳排放标准（EPS），控制温室气体的排放。在丹麦，可再生能源上网电价包括市场价格和溢价补贴两部分，丹麦还规定部分小型可再生能源系统免征公共义务附加税（PSO），大型可再生能源系统实行减税政策。

荷兰在 2008~2011 年推出新的补贴计划 SDE（Stimulering Duurzame Energieproductie），该计划对各类可再生能源总补贴金额进行了控制，通过招标方式选择补贴项目实施固定补贴，依据化石能源的价格确定补贴标准，并估计了 2008~2011 年的各年装机容量，但 2008 年和 2009 年的海上风电项目不在补贴范围。2011 年，荷兰发布"SDE+"政策，该政策根据各类可再生能源生产成本补贴电价，按照先到先得的原则，设置了每千瓦时补 0.9 欧元、0.11 欧元、0.13 欧元和 0.15 欧元四种补贴阈值。同时，建立可再生能源投资基金，主要面向可再生能源投资商提供贷款或优惠融资等服务。法国激励风电等可再生能源技术发展的主要政策是固定电价，并于 2005 年 7 月 13 日颁布《确定能源政策定位的能源政策法》，确定了法国未来能源政策的基本方向，即推进能源供应的多元化，增加可再生能源消费的比重，加大能源产业研究和创新发展，提供能源运输的储备手段，保证电力供应质量，确保能源供应安全。

可见，发达国家在新能源产业发展方面投入的补贴力度较大，补贴模式多样。

三、发达国家政府补贴案例

本小节以新能源汽车产业为例，总结了各发达国家的直接补贴政策。

美国，国家范围的补贴是对于 2008 年 10 月 30 日之后生产的新能源汽车，根据电池容量，对 4~16kw/h 减免 2500~7500 美元不等的税务。每家汽车生产厂商卖出的前 20 万辆新能源汽车完全享受以上优惠，此后优惠开始逐渐减少，在此基础上各个州也有相应的一些补助措施。2014 年 3 月，白宫计划在国家范围内提高补贴，新能源汽车有望达到 10000 美元的税务优惠，但新的政策不适用于奢侈品牌汽车，如特斯拉 Models 和凯迪拉克 ELR。

德国，免税不补贴。目前，德国对新能源汽车的销售价格还没有优惠，其刺激举措是 2011 年 5 月至 2015 年 12 月购买的新车免 10 年机动车税，2016 年 1 月至 2020 年 12 月购买的新车免 5 年机动车税，可与家中另一辆车共享车牌，以节省保险费用。理论上，德国一辆 1500kg 的新能源汽车每年应交的机动车税为 45 欧元。

奥地利，依据各州的具体情况，制定相应的补贴措施：① Burgenland，购置电动汽车最高补贴 750 欧元。② NIiedercsterreich，购买纯电动汽车给予补助 2000 欧元；如果充电电能来自可再生能源，补助提高到 3000 欧元，购买插电混合动力车型，补助 1000 欧元；如果充电电能来自可再生能源，补助提高到 1500 欧元，其他州则对私人用途的电动汽车不予补贴。

法国，二氧化碳排放低于 20g/km 的车辆，一次性给予 7000 欧元的补助，针对以上车辆的补助不能超过车价本身（包括增值税）的 30%，如果电池是租借的，租金也应算在总价之内；二氧化碳排放为 21~50g/km 的车辆，给予 5000 欧元的补助，如沃尔沃 V60 插电式混合动力汽车；二氧化碳排放低于 110g/km 的混合动力车，可享受 3300 欧元补助。与此同时，法国还计划大幅度提高补助，如果购买一辆电动汽车代替原有的柴油汽车，将在现有 6300 欧元补助的基础上额外获得 10000 欧元的补助。

荷兰，免除电动汽车的登记税。对于混合动力汽车，如果柴油混合动力汽车每公里二氧化碳的平均排放低于 85g 同样可以免除登记税，汽油混合动力汽车的限制是 88g。针对所有车辆，如果每公里二氧化碳平均排放低于 50g 即可免除机动车税。

西班牙，根据 2014 年 6 月最新颁布的法案，纯电动汽车航程为 15~40km 可享受 2500 欧元补贴，40~90km 为 3500 欧元，90km 以上为 5500 欧元补贴。此外报废 10 年以上的旧车可获得 2000 欧元补偿。

丹麦，2000kg 以下的电动汽车免除车辆将计税，这一规定不适用于混合动力汽车。

意大利，能得到最多 5000 欧元的现金补助，此外，5 年免交机动车税，5 年后减免部分机动车税。

英国，购买纯电动汽车及二氧化碳排放在 75g/km 以下的插电混合动力汽车可享受新车价格 25%、最高 5000 英镑的优惠，购买轻型商务车，如航程最低 70km 的纯电动汽车及航程最低 10km 的插电混合动力车，可享受价格 20%、最高 8000 英镑的优惠。此外，纯电动汽车及二氧化碳平均排放低于 95g/km 的其他汽车，在购买一年后，可以享受 100% 的折旧权利。

瑞士，取消电动汽车的进口关税，即汽车总价（不包括增值税）的 4%。瑞士 26 个州都有各自的立法权，因此采取不同的附加补贴政策，在苏黎世纯电动汽车免除高速公路费，混合动力汽车减免一半。在瑞士，高速公路费是每年都要交纳的固定费用，金额与发动机排气片和二氧化碳排放有关，一辆排气量为 1.5L，二氧化碳排放量低于 130g/km 的汽车每年应交纳约 172 欧元的高速公路费。

希腊，电动汽车和混合动力汽车免除登记税、奢侈税，纯电动汽车和排量低于 1929CC 的混合动力汽车免除机动车税，更高排量的混合动力汽车免除正常机动车税的一半。

卢森堡，纯电动汽车和二氧化碳排放低于 60g/km 的插电混合动力汽车可享受一次性 5000 欧元的补贴，前提条件是车主必须签署协议，保证所用电能必须来自可再生能源。

日本，购买电动汽车最高享受 850000 日元（约 6200 欧元）的补贴。除此之外，免除汽车的购置税（原则上为购买价格的 5%）和汽车使用税，并大幅度降低机动车税。

四、国际经验启示

通过对世界各国发展新兴产业、开展数字化转型所采用的治理工具，特别是政府采购与政府补贴的梳理分析，得到以下启示：

①应用多种治理工具组合，多点联动促进新兴产业发展。创新的实现是一揽子政策共同作用的结果，欧盟出台的《领先市场计划》便是实施多样化治理工具的组合，从政府采购、补贴、立法、标准化、金融支持及培训等方面提供创新保障，创造有利于创新的市场环境。各种治理工具组合往往从供给面、环境面与需求面共同着力，从而促进新兴产业的培育发展。

②进一步完善政府采购制度，重视提高中小企业创新动力。部分发达国家已进一步深化和完善政府采购政策，采购中小企业尚未商业化的创新产品，为中小企业的创新产品提供初始市场；同时，在政府采购信息宣传和社会化服务等方面为中小企业提供专门的服务，并帮助中小企业开拓市场。建议我国研究制定符合国际规则和我国国情的政府采购政策，并在政府采购的政策中向中小企业倾斜，促进中小企业更广泛地参与公共采购市场。

③综合运用政府补贴方式，加大需求端补贴力度。在战略性新兴产业的发展初期，新产品与传统产业相比往往不具成本优势，用户对新产品的性能、质量存在疑虑，对新兴产业产品进行用户补贴，是各国促进新兴产业发展的常用政策手段。例如，英国采用"绿色住宅"减免印花税等手段促进太阳能、水循环装置和无污染涂料产业的发展；德国对私人安装太阳能装置提供低息或无息贷款；日本对购买混合动力等节能环保汽车的消费者给予一次性财政补贴，金额约为节能环保汽车与常规汽车价差的50%。我国政府可借鉴国外经验，除了向生产企业提供财政补贴之外，对终端用户也给予适当补贴，通过降低用户的购置成本来刺激市场需求，拉动产业发展。

第六章 产品数据管理和全生命周期管理

产品数据管理技术产生于 20 世纪 80 年代初期，是为了解决大量工程图样、技术文档管理的困境，以软件为基础的一项管理技术。近年来，随着信息技术的不断进步，产品数据管理技术已经向产品全生命周期管理技术发展，建立在信息和网络技术之上的一整套管理系统，包括市场需求调研、产品开发、产品设计、销售、售后服务等的信息管理，其目的是对产品数据实现全面管理。

产品数据管理技术应用十分广泛，包括机械、电子、汽车、航空航天及非制造企业（如交通、商业、石化）等领域已大量地引入它来进行企业信息化管理。为了促进技术进步、加快产品更新换代、提高企业的市场竞争力，它已成为企业信息化的一种重要的技术工具。

第一节 产品数据管理技术

一、概述

1.产品数据管理产生的背景

自 20 世纪 60 年代起，计算机应用技术 CAD/CAE/CAM 在企业中得到广泛应用，新技术的应用在促进生产力发展的同时也带来了新的挑战。就制造业而言，虽然各单元的计算机辅助设计与制造技术已经日益成熟，但都自成体系，彼此之间缺少有效的信息共享和利用，造成信息沟通与协调障碍，形成了所谓的"信息孤岛"，并且随着计算机应用的飞速发展，各种数据也急剧膨胀，对企业的相应管理形成巨大压力：数据种类繁多，数据重复冗余，数据检索困难，数据的安全性及共享管理等。在此情况下，许多企业意识到实现信息的有序管理将成为在未来的竞争中保持领先的关键因素。产品数据管理正是在这一背景下应运而生的一项新的管理思想和技术。

PDM 是将各种 CAX 信息化孤岛集成起来，利用计算机系统控制产品的整个开发设计过程，通过逐步建立虚拟的产品模型，最终形成完整的产品描述、生产过程描述，以及生产过程控制数据，从而有效、实时、完整地控制从产品规划到产品报废处理的整个产品生命周期中的各种复杂的数字化信息。

2. 产品数据管理的定义

PDM 明确定位为面向制造企业，以软件技术为基础，以产品管理为核心，实现对产品相关的数据、过程、资源一体化的集成管理技术。PDM 进行信息管理的两条主线是静态的产品结构和动态的产品设计流程，所有的信息组织和资源管理都是围绕产品设计展开的。这也是 PDM 系统有别于其他信息管理系统（如 MIS、MRP Ⅱ、PM、ERP）的关键所在。

要想给 PDM 下个准确的定义并不容易，许多专家学者对 PDM 提出不同的定义。目前，人们普遍接受以下的定义：

CIMdata 公司总裁 EdMiner 认为，PDM 是管理所有与产品相关的下述信息和过程的技术：

（1）与产品相关的所有信息，即描述产品的各种信息，包括零部件信息、结构配置、文件、CAD 档案、审批信息等。

（2）对这些过程的定义和管理，包括信息的审批和发放。

Gartner Group 公司的 D.Burdick 认为，PDM 是为企业设计和生产构筑一个并行产品艺术环境（由供应、工程设计、制造、采购、销售与市场、客户构成）的关键使能技术。一个成熟的 PDM 系统能够使所有参与创建、交流及维护产品设计意图的人员在整个产品生命周期中自由共享与产品相关的所有异构数据，如图纸与数字化文档、CAD 文件和产品结构等。

由此可见，PDM 是以整个企业作为整体，跨越整个工程技术群体，是促使产品快速开发和业务过程快速变化的使能器。PDM 集成了所有与产品相关的信息，使企业的产品开发向有序和高效地设计、制造和发送产品的方向发展。

总之，PDM 是以软件为基础的技术，将所有与产品相关的信息和所有与产品有关的过程集成到一起。产品有关的信息包括所有属于产品的数据，如 CAD/CAM/CAE 的文件、材料清单、产品配置、事务文件、产品订单、电子表格、生产成本、供应商状态等。产品有关的过程包括所有有关的加工工序、加工指南和有关批准、使用权、安全、工作标准和方法、工作流程、机构关系等过程处理的程序，包括产品生命周期的各个方面，PDM 使最新的数据能为全部有关用户，包括从工程师、NC 操作人员到财会人员和销售人员按要求方便地存取。

二、产品数据管理的体系结构

PDM 体系结构随着计算机软硬件技术的发展而日益完善。20 世纪 80 年代初期，

PDM 主要用于管理 CAD 系统产生的大量电子文件，属于 CAD 工具的附属系统，由于当时各方面技术的限制，通常采用简单的 C/S 结构和结构化编程技术；到 20 世纪 90 年代中期，出现了很多专门的 PDM 产品，这些 PDM 产品几乎无一例外基于大型关系型数据库，采用面向对象技术和成熟的 C/S 结构；随着 Web 技术的不断发展和对象关系数据库（ORDBMS）的日益成熟，出现了基于 JAVA 三段式结构和 Web 机制的第三代 PDM 产品。

当前，先进的 PDM 系统普遍采用 Web 技术及大量业界标准。它由底层平台层、核心服务层、应用组件层、应用工具层和实施理念层组成。

1. 底层平台层

底层平台层主要是指异构分布的计算机硬件环境、操作系统、网络与通信协议、数据库、中间件等支撑环境。

目前，PDM 软件底层平台的发展主要有两个特点：一是适应能力不断扩展，能够支持越来越多的软硬件环境，PDM 厂商一直致力于推出适应更多平台的 PDM 系统。在硬件环境上，从最简单的用户终端、PC 机到高端的工作站和服务器都可以运行相应的 PDM 系统。二是底层平台朝廉价方向发展。操作系统上，UniX 依然是大多数 PDM 使用的主要服务平台，但由于成本低廉、界面友好、操作方便等原因，PC/Windows 正在悄然扩张自己的领地。很多大型 PDM（如 Metaphase，IMAN.PM 等），其服务器端还是运行在 UniX 环境下，但都相继推出了各自的微机版。而像 Windchill 等新生贵族更是以 PC/Windows 为主要平台，后来才推出 UniX 版本。

由于企业级 PDM 系统庞大的数据量、高性能要求，因此底层数据库几乎无一例外都集中于 Oracle、SQLServer、Sybase 等大型数据库，尤其是 Oracle 是很多 PDM 系统的首选或独选数据库。此外，PDM 软件几乎都支持 TCP/IP、HOP、NetBIOS 和 HTTP 等局域网和广域网标准协议。

2. 核心服务层

PDM 软件产品一般指的就是核心服务层和应用组件层，两者功能有所不同。

在 C/S 结构下，核心服务层一般就是服务器端，客户端软件就属于 PDM 的应用组件，在 C/B/S 结构下，两者都运行在服务器端，但在软件产品购买安装等方面会有所不同，核心服务是必需的，而应用组件可以选用。比如，Metaphase 的对象管理框架、Windchill 的 Windchill Foundation、IMAN 的 eServer 等都属于各自的核心服务层。

核心服务层实际上就是一组对象模型，它主要完成三个功能：一是向下连接并操纵数据库；二是向上为应用组件提供基本服务；三是为应用软件提供应用编程接口（APD 以集成应用软件）。此外，有些 PDM 软件在核心层中还加入了 Web 处理机制。

3. 应用组件层

PDM 应用组件实际上就是由调用 PDM 基础服务的一组程序（界面）组成并能够完成一定应用功能的模块。比如工作流管理应用组件，就是由工作流定义工具、工作流执行机、工作流监控工具等组成完成工作流程管理的功能模块。各 PDM 厂商都不断丰富自己的应用组件，如 Metaphase 提供了包括生命周期管理器、更改控制管理器、产品结构管理器、产品配置管理器、零部件族管理器、用于同 CAX/DFX/ERP/CSM/EC/SCM 等应用软件集成的 Metaphase 应用集成接口、可视化工具、协同设计支持工具、数字样机等丰富的应用组件。

统一的用户界面也归入了应用组件层，几乎所有的 PDM 都支持通过 Web 方式访问和操纵 PDM，较新的如 eMatrix、Windchill 等 C/B/S 结构的 PDM 都是以 Web 浏览器为客户端，而 Metaphase、IMAN 等也相继推出了各自基于 Web 的客户端。

4. 应用工具层

应用工具主要是指 CAX/DFX 等工程设计领域软件、Word 等办公用软件及所有 FDM 以外的其他应用软件，PDM 通过多种方式与这些应用软件实现集成。

5. 实施理念层

PDM 归根结底不是企业的经营管理模式，而只是一种软件工具，这种软件工具只有在先进的企业运作模式下才能发挥作用。因此，PDM 的实施几乎都离不开 CE（并行工程）、CPC（协同产品商务）、VM（虚拟制造）、SCM（供应链管理）ISO 9000 等先进的管理理念和质量标准。只有在这些先进思想的指导下，PDM 的实施才能确保成功并发挥较大的作用。另外，PDM 的实施又是这些先进理念得以成功贯彻的最有效的工具和手段之一。

PDM 软件厂商在推销其软件产品的同时，也在推销它的理念，如 PTC 倡导 CPC、Metaphase 倡导它的 4C 理念等。而 PDM 软件又是一种只有通过实施才能完美地与企业结合并体现其价值的软件，因此实施理念列在了 PDM 体系结构的最上层。

三、产品数据管理的功能分析

PDM 系统为企业提供了许多功能来管理和控制所有与产品相关的信息及与产品相关的过程。PDM 技术的研究与应用在国外已经非常普遍。目前，全球范围商品化的 PDM 软件有上百种之多。从软件功能模块的组成来看，一般包括电子仓库与文档管理、产品结构与配置管理、工作流和过程管理、零件分类与检索管理、项目管理、系统集成与其他管理等功能。

1. 电子仓库与文档管理功能

（1）电子仓库。

电子仓库是 PDM 系统中最基本、最核心的功能，是实现 PDM 系统中其他相关功能的基础。所谓电子仓库是指在 PDM 系统中实现产品数据存储与管理的元数据及其管理系统，它是连接数据库和数据使用界面的一个逻辑单元。它保存了管理数据的数据（元数据），以及指向描述产品的相关信息的物理数据和文件的指针，它为用户存取数据提供一种安全的控制机制，并允许用户透明地访问全企业的产品信息，而不用考虑用户或数据的物理位置。其主要功能可以归纳为文件的输入和输出、按属性搜索的机制、动态浏览 / 导航能力、分布式文件管理和分布式仓库管理、安全机制等。

元数据是管理数据的数据，用于资料的整理、查找、存取、集成、转换和传送。元数据的内容包括指向物理数据和文件的指针、文件的操作状态和版本状态、文件的分类信息、文件的使用权限以及其他的控制管理信息等。

电子仓库主要保证数据的安全性和完整性，并支持 Checkin/Checkout、增删、查询等操作，它的建立和使用对用户而言是透明的。

（2）文档管理功能。

在产品的整个生命周期中与产品相关的信息多种多样，这些信息以文件或图档形式存在，统称为文档。它们主要包括产品设计任务书、设计规范、图纸（二维、三维）、技术文件、各种工艺数据文件（工艺卡、夹具卡、工步文件、刀位文件等）、技术手册、路线原理图、使用手册、维修卡等文档。

PDM 系统中的文档管理用以取代人工方式的档案管理，使用户方便、快捷、安全地存取、维护及处理各种有关产品的文档。因此，企业中的文档分类标准有多种，一般按照文档存在的状态进行划分，将其分为文本文件、数据文件、图形文件、表格文件和多媒体文件五种类型。

文档的管理与共享是以电子仓库为基础的，它提供对分布式异构数据的存储、检索和管理功能，包括文档对象的浏览、查询与圈阅、文档的分类与归档、文档的版本管理、文档的安全控制等。优秀的 PDM 系统提供了下列确保文档管理性和安全性的功能。

①多结构化管理，一个文件可以与多个项目、装配件、参考图块或零件相关联。

②用户化界面、属性卡片以表示设计和文档的属性。

③多种浏览树状结构的选项。

④所有图纸和文档存储在安全而又集中的保险箱中。

⑤用户和用户组设计账号和使用权限。

⑥生命周期管理和控制权限。

2. 产品结构与配置管理

产品结构与配置管理是 PDM 系统的重要组成部分，是以电子仓库为底层支持，以材料清单为组织核心，把定义最终产品的所有工程数据和文档联系起来，实现产品数据的组织、管理与控制，并在一定目标或规则约束下，向用户或应用系统提供产品结构的不同视图和描述，如设计视图、装配视图、制造视图、计划视图等。

产品结构用来反映一个产品有哪些零部件构成，以及这些零部件之间的构成关系。产品结构配置就是利用事先建立的完整产品结构，按照满足客户所需功能的要求，设计或选择零部件，把这些零部件按照它们的功能、某种组合规则（如装配关系）和某种条件进行编组，形成一个具体的产品，其中的条件称为产品结构配置条件。产品结构和产品配置紧密相关，是对产品信息进行组织和管理的形式。只有合理、有效地组织产品结构，才能使产品配置得以顺利进行。以生产笔为例，笔的产品结构由笔杆、笔帽和笔芯构成，如果每个组成部分有两种规格（如不同颜色的笔杆、笔帽和笔芯），则共 6 个零件。通过产品结构配度，按照笔杆、笔帽和笔芯的装配关系和各种颜色组合的配置条件，可以产生 8 种不同的具体产品结构。

在产品设计的整个生命周期中，虽然产品结构有可能按各式各样的要求重新配置，但是产品零部件对象仍然与那些定义它们的数据保持连接关系。红色笔杆可能与黑色笔帽和黑色笔芯配置成一个具体产品，也可能与红色笔帽和黑色笔芯配置成另一个具体产品。

产品结构与配置管理包括产品结构管理与产品配置管理两个部分，其基本功能有以下几种。

（1）产品结构树的创建与修改。

（2）产品零部件与相关信息（材料、文档、供应商等）的关联。

（3）产品零部件的版本控制和变量定义，可选件、替换件的管理。

（4）产品结构配置规则的定义，根据配置规则自动生成材料清单。

（5）支持结构的查询和零部件及图文档查询。

（6）产品结构的多视图管理。

（7）系列化产品的结构视图管理。

（8）支持与 MRP Ⅱ 或 ERP 的集成等。

3. 工作流与过程管理

工作流与过程管理是 PDM 系统中重要的基础功能之一，又称工程流程管理。它用于定义和控制数据操作的基本过程，主要管理当用户对数据进行操作时，会发生什么，人与人之间的数据流向，以及在一个项目的生命周期内跟踪所有事务和数据的活动，并对已建立的工作流程运行、维护，控制工作状态及对工作历时过程进行记载，使产品数据与其相关的过程有机地结合起来。在企业中，过程管理广泛用于跟踪和控制产品的设计和修改过程，以增强产品开发过程的自动化。

工作流或过程管理主要包括面向任务或临时插入或变更的工作流管理，规则驱动的结构化工作流管理，触发器、提醒和报警管理，电子邮件接口管理，图形化工作流设计工具等。它是支持工程更改必不可少的工具。

PDM 的生命周期管理模块管理着产品数据的动态定义过程，其中包括宏观过程（产品生命周期）和各种微观过程（一样的审批流程）。对产品生命周期的管理包括保留和跟踪产品从概念设计、产品开发、生产制造直到停止生产的整个过程中的所有历史记录，以及定义产品从一个状态转换到另一个状态时必须经过的处理步骤。管理员可以通过对产品数据的各基本处理步骤的组合来构造产品设计或更改流程，这些基本的处理步骤包括指定任务、审批和通知相关人员等。流程的构造是建立在对企业中各种业务流程的分析结果基础上的。

4. 零件的分类与检索管理

PDM 系统需要管理大量的数据。为了较好地建立、使用与维护这些数据，PDM 系统提供了快速方便的分类和检索管理功能。

一个产品或部件是由多个不同的零部件组成的，而一个零件又往往用在多个不同的产品或部件上。也就是说，零件是不依赖于任何产品或部件而独立存在的，应该有自己的组织管理方式，即零件分类管理。零件的分类管理就是将全厂生产的所有零件按其设计和工艺上的相似性进行分类，形成零件族，分别加以管理。分类技术与面向对象的技术相结合，将具有相似特征的数据与过程分为一类，并赋予一定属性和方法，使用户能够在分布式环境中高效地查询文档、数据、零件、标准件等对象。分类功能是实现快速查询的支持技术之一。常用的分类技术有使用智能化的零件序号、成组技术、搜索/检索技术、零件建库技术。

PDM 系统的零件分类能够大幅度提高产品设计的工作效率，但是零件分类并不是 PDM 系统的最终目标。通过零件分类，能够将借助于分类方法检索到的对象直接用于产品开发的各阶段，包括支持 CAD、支持工业流程规划和 NC 编程，从而显著地加快产品形成的速度。利用零件基本属性、分类结构、事物特征表和工程图纸，PDM 系统应提供以下查询方法：

（1）查询分类层次（如查询某个零件族）。

（2）查询单个特征或特征组合。

（3）查询某个具体零件的标识号。

（4）利用结构浏览器通过图形导航的分类结构进行查询。

（5）查询某个 CAD 几何图形。

PDM 系统还应支持借用查询和专用查询。借用查询可找出零部件被哪些产品利用，利用在哪些结构中。专用查询可找出该零部件最先被哪个产品应用。

5. 项目管理功能

项目是研发某个产品或完成某个计划所进行的一系列活动的总称。项目管理是在项目的实施过程中对其计划、组织、人员及相关的数据进行管理与配置，对项目的运行状态进行监视，并对完成结果进行反馈。项目管理包括项目自身信息的定义、修改及与项目相关的信息，如状态、组织等信息的管理。每个项目中的各个阶段又分成不同的状态，如工作状态、归档状态等。具体来说应该包括项目和任务的描述、研制阶段的状态、项目成员的组成和角色的分配、研制流程、时间管理、费用管理、资源管理等。

项目管理的任务是根据项目任务制订项目计划、配置资源、安排时间、组织人员、分解并分配任务，以及进行项目费用成本核算等。在项目的实施过程中对其计划、组织、人员、资源及相关的数据进行管理与调度，对项目的运行过程和状态进行监控，及时发现项目实施中出现的问题并做出反应，并对其加以记录。

PDM 系统的项目管理功能是为了完成对项目进行管理的任务而设置的。为了进行项目管理，需要制定项目模型，在项目模型中对项目的任务、人员和时间安排进行描述。项目模型一般包括项目文件夹、项目组和项目时间表，分别用于对项目的任务、人员和时间安排进行描述。

6. 系统集成与其他管理

由于各企业的情况千差万别，用户的要求也多种多样，所以没有一种 PDM 系统可以适应所有企业的情况，这就要求 PDM 系统必须具有强大的客户适用性和二次开发能力。现在大多数 PDM 产品都提供二次开发工具包括集成接口，PDM 实施人员或用户可以利用这类工具包来进行针对企业具体情况的定制工作。

7. 系统定制与集成功能

（1）系统定制。

系统定制是指 PDM 系统按照客户的要求提供对自身系统的修改、剪裁和添加功能。PDM 系统的定制工作主要包括以下两个方面。

①合理配置功能模块。由于 PDM 系统采用面向对象的思想，其中的各功能模块在软件结构上具有相对独立性，采用组件和插件技术构建在系统中，因此，能够按照用户的要求选择安装某些功能模块，用户暂时不需要的功能模块可不安装。

②提供面向对象的定制工具。定制工具提供专门的数据模型定义语言，能够实现对企业模型全方位的再定义，包括软件系统界面的修改、系统的功能扩展等。

（2）集成。

PDM系统涉及的大量原始信息来自不同应用系统。为使企业能在不同计算机系统和应用系统之间进行信息交换，同时企业不同部门之间能够共享信息，PDM系统提供完善的集成接口和工具，实现应用系统与PDM数据库及应用系统之间的信息集成。系统提供的集成接口包括与CAD／CAM／CAPP的接口、与Office应用程序的接口、与MRP的接口和ERP的集成接口等。这种集成一般采用开放式文档管理架构（ODMA）技术实现。集成工具的用途有以下三个方面。

①外部应用系统与PDM集成。外部应用系统与PDM系统的集成有以下几种方式：

a. 基于对象连接与嵌入方式集成Windows平台下的各种应用。

b. 基于文件交换的方式集成应用系统。

c. 基于数据库级集成CAD／CAPP／CAE／CAM等。

d. 提供API函数接口，以集成第三方软件产品。

②对系统现有操作方法的改造，或构造扩展新的操作方法。当用户增添新的功能、规定新的操作方法时，需要集成工具的支持。集成工具提供标准的函数接口，支持流行的C/C++语言编程，有些PDM系统还提供编程的接口。

③标准的应用开发接口使其他应用系统能直接对PDM对象库中的对象进行操作，或者在PDM对象库中添加新的对象类及其对象库表。

PDM系统的这些管理功能已得到广泛的应用。利用PDM这一信息传递的桥梁，可方便地进行CAD、CAPP、CAM、CAE，以及MRPⅡ系统之间的信息交换和传递，实现设计、制造和经营管理部门的集成化管理。

四、产品数据管理的技术规范

《产品数据管理（PDM）规范》是中华人民共和国信息产业部批准执行的企业信息化技术规范的一部分，按照标准化层级标准作用和有效的范围划分应属于行业标准。

1.《产品数据管理（PDM）规范》总论

（1）《产品数据管理（PDM）规范》的适用范围。

《产品数据管理（PDM）规范》规定了产品数据管理的相关软件功能、开发管理、实施管理的基本要求和方法。适用于PDM软件产品的选型，可作为企业选择或评价PDM系统时的评测依据。该规范的使用者包括独立软件测试机构、应用PDM技术的组织、PDM软件产品开发组织、PDM实施及咨询服务机构，以及软件行业协会、各地区信息产业主管部门等。

（2）规范性引用标准。

《产品数据管理（PDM）规范》引用了一些相关标准，其中的条款通过该规范的引用而成为该规范的条款。凡是注日期的引用文件，其随后所有的修改单（不包括勘误的内容）或修订版均不适用于该规范，然而，鼓励根据该规范达成协议的各方研究可使用这些文件的最新版本。凡是不注日期的引用文件，其最新版本适用于该规范。引用的标准有《软件工程术语》（GB/T 11457—1989）和《信息技术、软件产品评价、质量特性及使用指南》（GB/T 16260—1996）。

（3）规范的术语定义。

《产品数据管理（PDM）规范》对 PDM 产品功能、产品服务及产品研发等过程中涉及的一些术语，结合 PDM 技术的具体特点和应用领域进行了严格准确的定义。

其中对 PDM 产品研发过程中涉及的开发阶段、对象、设计、过程、体系结构、软件、软件开发、软件开发文档、软件开发过程、软件质量、软件测试、接口、文档、文件夹、配置项、计算机软件配置项、产品数据管理、数据库、数据仓库和数据库管理系统等术语进行了定义。

对 PDM 产品服务中涉及的验收、需方、用户、产品用户、咨询、实施、顾问、选型、维护、版本和评价等术语进行了定义。

对 PDM 产品功能中涉及的产品、产品结构、产品结构树、产品数据树、零部件、零部件版本、零部件数据树、节点数据树、物料清单、图纸页、产品配置、工作版本、角色、产品配置管理和工作流程等术语进行了定义。

（4）标准总则。

《产品数据管理（PDM）规范》总则规定，围绕 PDM 产品应包含以下要素。

a. 底层设计高度集成化，各类数据、计算、共享高度一致，不同于单类应用的简单连接。

b. 产品采用先进和稳定的 IT 开发平台，系统稳定、安全、灵活、可扩充。

c. 在各行业有丰富的实用案例。

d. 软件提供者本身的业务保持持续健康的发展，保证产品持续发展，服务持续提供。

e. 符合相关制度和法规，适合企业管理和人文文化特点。

为满足以上各项要素，必须在产品研发、实施、服务、产品功能各方面建立相关的标准工作方法和内容。

2.《产品数据管理（PDM）规范》的技术要求

《产品数据管理（PDM）规范》中对 PDM 产品研发、PDM 产品服务及 PDM 产品功能的各个方面做了技术要求和规定。

（1）PDM 产品研发技术要求。

产品研发是非常严谨、科学的一系列工作的组织，整个体系应具有完整、灵活、严谨、高效的特性，进行严格的管理控制，以确保产品的质量和市场反应的速度，保证工作的延续性及各类产品问题的可追溯性，尤其是各类过程控制文档与记录的保存。产品研发一般包括需求分析、原型设计、演示和评价原型、修改和改进原型等过程。《产品数据管理（PDM）规范》中采用快速原型法来开发设计产品模型。

需求分析的目的是在分析员和用户的紧密配合下，快速确定软件系统的基本要求。作业程序如下：

a. 分析员与用户进行广泛交流，了解系统对应的组织机构、输入输出、资源利用情况和日常数据处理过程。

b. 结合用户需求、约束条件及其他非功能需求，写出软件需求规格说明。

c. 在项目组内部提交用例图。

d. 由项目小组根据软件需求规格说明书，依原型设计的流程进行产品开发。

作业程序由研发部门负责，经总裁审核批准后实施，其修改亦同。控制的重点是平衡各种因素，制定切实可行的产品开发目标；存在风险分析；提交需求分析报告和用例图。

原型设计是在需求分析的基础上，根据软件需求的规格说明，尽快实现一个可运行的系统。作业程序如下：

a. 若产品开发工作决定委托公司外部资源进行时，应由项目小组拟定外包契约，经总裁审核批准，由项目负责人监控。

b. 产品开发过程中使用的各项标准应经过适当的规划。

c. 系统设计包括概要设计和详细设计，设计完成后，应提交概要设计报告及详细设计报告，并经过适当审查。

d. 编码、调试程序员根据系统设计文件及各种标准撰写程序，并对程序进行调试。

作业程序由研发部门负责，经总裁审核批准后实施，其修改亦同。控制重点是开发中项目是否定期监控进度及预算执行；产品开发中使用的各项标准是否经过适当管理；系统设计是否经过适当审查；是否保留开发记录及测试记录；开发过程中的文件和记录是否能妥善保存及管理。

演示和评价原型是检查原型是否实现了分析和规划阶段提出的目标。作业程序是：

（1）开发者给用户演示原型。

（2）用户在开发者指导下试用，考核评价原型的性能，查看是否满足需求说明的要求，以及需求规格中的描述是否满足用户的愿望。

（3）纠正过去交互中的误解及分析中的错误，增补新的要求，并为满足用户的新设想而提出全面的修改意见。

演示和评价原型的控制重点是用户是否亲自使用了原型系统；用户和设计者之间

是否进行了充分的交流；用户／设计者是否确定了什么时候更改是必需的；设计者是否能控制总开发时间。

修改与改进原型是根据修改意见对原型进行修改和完善。作业程序如下：

a. 根据修改意见拟出修改方案。

b. 修改原型有以下两种情况：一是若因为严重的理解错误而使正常操作的原型与用户要求相违背，应立即放弃；二是若由于规格说明不准确、不完整、不一致，或者需求有所变更或增加，这首先要修改并确定规格说明，然后再重新构造或修改原型，这是原型的迭代过程。开发者和用户在一次次的迭代过程中将原型不断完善，以接近系统的最终要求。

c. 经过修改和完善的原型，达到参与者的一致认可，则原型的迭代过程可以结束。

修改和改进原型的控制重点是在修改原型的过程中，应保留前后两个原型；装配和修改程序模块，而不是编写程序；如果模块更改很困难，则把它放弃并重新编写模块；不改变系统的作用范围，除非业务原型的成本估计有相应的改变；修改并把系统返回给用户或设计者的速度是关键。

（2）PDM 产品服务技术要求。

企业实施 PDM 的立项和决策要由企业主要领导参与并直接领导。要尽可能得到企业关键部门的全力支持，特别是要得到工程、制造、信息系统方面的管理部门的支持，因为它们是成功实施 PDM 的基础。

PDM 实施队伍要有应用企业的领导、信息系统、电子、机械工程、制造等部门及其他管理人员和 PDM 供应商支持实施人员组成，并分工明确其岗位职责。《产品数据管理（PDM）规范》中分析了 PDM 实施中项目岗位的组成、人员的产生部门、人员的条件要求及各自的岗位职责，其中包括 PDM 项目负责人、PDM 项目实施小组、各部门 PDM 主要应用人员等。《产品数据管理（PDM）规范》中还着重对 PDM 实施中设计、工艺工装、标准化等部门的实施人员提出了一定的素质要求和任务准备内容。

《产品数据管理（PDM）规范》还从企业需求分析、实施 PDM 的规划、数据收集与分析、信息建模、PDM 系统的安装、开发实施及用户适应、评估和调整等方面介绍了产品数据管理中的实施阶段、服务内容、服分对象和服务目的等，并提出了各项工作的实施规范。

（3）PDM 产品功能技术要求。

作为真正意义上的 PDM 产品，在基本功能方面，一定要满足涉及企业最主要管理和运作行为的方方面面，同时兼顾实际情况的不断变化，为灵活适应管理的改变打好基础。

《产品数据管理（PDM）规范》对 PDM 产品功能类型，从系统环境与用户界面、系统整合与集成能力、权限与系统管理、文档管理、产品结构管理、材料清单管理、版本与配置管理、工程变更管理、工作流管理、项目管理、定义和开发工具等功能进行了分类。并对这些功能从类别、等级、配分、评分标准、有无、权数及得分等方面进行了详细描述。

其中类别指该模块的功能分类；等级表示该功能对用户的重要程度；配分表示该模块在整个模块的配分比重；评分标准确定了该功能执行的底细程度与达成水平的评比指标；有无指管理软件该功能是否达到此评比标准；权数则表示该评比标准在此功能的重要程度；得分指该功能的配分经过评比标准的权数分配后的分数。

第二节　产品全生命周期管理技术

21 世纪，随着网络技术和先进制造模式的发展与应用，企业迫切需要将信息技术、现代管理技术和制造技术相结合，对产品全生命周期的信息、过程和资源进行管理，支持制造企业生命周期中不同应用领域的集成和协作，以提高企业的市场应变能力和竞争能力。因此，产品全生命周期管理的理念应运而生。

一、概述

1.PLM 与 PDM 的关系

PLM 是一种对所有与产品相关的数据，在整个生命周期内进行管理的技术。它是在 PDM 的基础上发展起来的，是 PDM 的功能延伸。PDM 主要针对产品开发过程，强调对工程数据的管理，其应用也是围绕工程设计部门展开的，PDM 的文档管理功能只是管理与产品结构和设计过程相关的设计文档，而 PLM 管理的是整个产品从概念产生到最终淘汰的整个生命周期的所有文档。可以说 PLM 包含了 PDM 的全部内容和功能。但 PLM 又强调了对产品生命周期内跨越供应链的所有信息进行管理和利用的理念，这是它与 PDM 的本质区别。

PLM 的概念比 PDM 更广，内涵更丰富，适应面也更广，可以广泛地应用于流程行业的企业、大批量生产企业、单件小批量生产企业、以项目为核心进行制造的企业，甚至软件开发企业。不同企业对 PLM 有各种不同的需求，有些企业侧重于对前端的概念设计、市场分析数据的管理；有些企业侧重于详细设计和工艺设计数据的管理；而有些企业侧重于售后维护、维修数据的管理。

总之，PLM 虽然是一个新概念，但它是以 PDM 为基础的，是 PDM 与 CAD/CAE/CAM/CAPP/EDA 乃至 ERP/SCM/CRM 的集成应用，是解决制造业企业内部乃至制造业企业之间的产品数据管理和有效流转问题的必然发展结果。没有 PDM 就不会有 PLM。

2. 产品全生命周期的定义

PLM 是制造企业一种新的管理模式，是一种先进的企业信息化思想，它让人们思考在激烈的市场竞争中如何用最有效的方式和手段来为企业增加收入和降低成本。

如何定义 PLM 是一个十分重要的问题，这有助于市场对 PLM 的理解，有助于在制造业客户群体里推广 PLM 的使用和实施。但是，令人遗憾的是，由于 PLM 是一个发展很快、比较新的信息化领域，目前人们不但对 PLM 还缺乏共同的理解和一致的认识，而且正在从事这方面研究的公司和厂商彼此之间还有一些不同的见解，因此没有一个公认的对 PLM 的定义和诠释。

刊登在《首席信息官》（CIO）杂志上的 PLM 定义是：产品生命周期管理是一个集成的、信息驱动的方法，它涵盖了设计、制造、配置、维护、服务到最终处理的产品生命周期的所有方面。PLM 系列软件能够存取、更新、处理和推理由局部的和分布环境中产生的产品信息。PLM 的另一个定义是用于管理产品生命周期的所有业务系统的集成。

CIMdata 公司是一家对 PLM 及其前身技术进行了多年研究的咨询公司，它给出的定义是：PLM 是一种企业信息化的商业战略。它实施一整套的业务解决方法，把人、过程、商业系统和信息有效地集成在一起，作用于整个虚拟企业，遍历产品从概念到报废的全生命周期，支持与产品相关的协作研发、管理、分发和使用产品定义信息。

一直专注于制造业信息化的 EDS 公司对产品生命周期及 PLM 的定义是：所谓产品的生命周期，就是指从人们对产品的需求开始，到产品淘汰报废的全部生命历程。EDS 公司的 PLM 解决方案为产品全生命周期的每个阶段都提供了数字化工具，同时还提供信息协同平台，将这些数字化工具集成使用。此外，EDS 公司的解决方案还能够使这些数字化工具与企业的 ERP、供应链管理（SCM）、客户关系管理（CRM）等系统相配合。

IBM 公司对 PLM 的定义是：PLM 是针对制造业的扩展型企业解决方案，以便在公司的各个部门、用户、供应商之间共享产品数据。IBM 的 PLM 解决方案把产品放在一切活动的核心位置，PLM 可以从 ERP、SCM 及 CRM 系统中提取相关的信息，从而允许在公司的整个网络上共同来进行概念设计、产品设计、产品生产、产品维护。虚拟产品是 PLM 的理想状态，也就是当在真实世界中什么都没有发生之前，对一个产品进行设计、形成原型、测试，甚至制造和在三维环境下服务。

AMR 公司的定义是：PLM 是一种技术辅助策略，把跨越业务流程和不同用户群体的那些单点应用集成起来。与 ERP 不同，PLM 将不会成为与某一软件厂商紧密集成的系统，PLM 不会废止已有系统，它将使用流程建模工具、可视化工具或其他协作技术加上一定的语义集成来整合已有的系统。它把 PLM 的内容大致分为以下四个应用部分：

（1）PDM 起着中心数据仓库的作用，它保存了产品定义的所有信息。在这些中心仓库中，企业管理着各类与研发和生产相关联的材料清单。

（2）协同产品设计（CPD）让工程师和设计者使用 CAD ／ CAM ／ CAE 软件，以及所有与这些系统配合使用的补充软件，以协同的方式在一起研发产品。

（3）产品组合管理（PPM）是一套工具集，它为管理产品组合提供决策支持，包括新产品和现有产品。PPM 工具集有三个部分：用于日常工作任务协调的项目管理；用于一次处理多个项目的纲要管理；用于理解产品如何共存于市场的组合管理。

（4）客户需求管理（CNM）是一种获取销售数据和市场反馈意见，并且把它们集成到产品设计和研发过程中的软件。正如名称上所体现的，它是一个分析工具，可以帮助制造商开发基于客户需求、适销对路的产品。

上述有关 PLM 的定义既没有完全相同的意见也没有最终的结论。前述引用正反映了这种不统一性，也表达了对 PLM 的不同观点。

制造业产品研发信息化管理技术经历了多个技术革新阶段，即从最早的 CAD 发展到 PDM，进而扩展到 PLM。由此可见，PDM 是实现 PLM 的一个关键系统，但 PDM 仅局限于产品的设计及设计流程，而 PLM 则更偏重于业务流程的管理。因此，PLM 是一种以产品设计为核心，对业务流程进行优化的管理思想。

二、产品全生命周期管理的功能与体系结构

1. 产品全生命周期管理的主要功能

PLM 系统的管理功能覆盖整个产品生命周期，不同阶段 PLM 系统有不同的功能特征。各阶段的业务管理信息种类繁多、处理流程冗杂、数据动态变化，不仅要管理来自各阶段的顾客需求、战略策划、概念设计、详细设计、工艺设计、试制、试验、生产准备、供应链、维护支持等各种信息，还要集成 CAD、CAE、CAM、ERP、SCM、CRM 等各种应用工具。其中 PLM 的核心功能是实现用户数据的存储、工作流管理、产品结构管理等，各主要功能所述如下：

（1）数据存储的功能。PLM 将通过建立一个单一的数据逻辑视图，提供一种安全、透明、一致的数据存取机制。数据存储与管理将具备基本的数据检入 / 检出、发布管理、元数据管理和一致性维护等功能。

（2）工作流管理的功能。它可以使设计人员跟踪整个产品的开发过程，包括设计活动、设计概念、设计思路和设计变更等，将数据和信息发送给过程执行中相关的团

队、用户或角色，支持业务流程的自动化。

（3）产品结构管理的功能。它支持产品配置和 BOM 表的创建与管理，并能跟踪产品配置的变化，跟踪其版本和设计变形。同时，产品配置管理也需要按照不同的领域需求生成专门的产品定义视图。

（4）分类管理的功能。它允许相似的或标准的零件、过程及其他设计信息，按照公共的属性进行分组和检索，提高数据的标准化程度，支持设计的重用。

（5）计划管理的功能。通过项目工作分解结构，定义项目所包含的活动和资源，进行规划、跟踪和管理。

PLM 系统需要具备需求分析、产品开发、零部件管理、供应商管理、制造过程规划、生产管理、销售与分销、维护和服务等方面的管理能力。按照产品生命周期各阶段信息管理特征的不同，PLM 系统需要提供一些特定的基础功能，这些功能所述如下：

①需求管理的功能。这种功能指系统采集、分析客户、供应商和市场需求，并将产品和过程定义的数据呈现给客户和供应商等。

②产品生命周期过程的定义和管理的功能。这种功能指系统支持产品生命周期各阶段的建模、分析和定义，管理产品生命周期中的不同过程。

③产品组合管理的功能。它是从战略、市场、技术、风险、现金流等角度对企业处于不同生命周期的产品组合进行分析，对产品规划、产品开发、产品退出等决策进行支持和管理。

④质量过程管理的功能。它是对产品设计和生产制造过程中的事前、事中、事后相关质量信息的管理。

⑤可视化协同的功能。它是指设计团队之间的信息共享，使合作伙伴、客户和供应商可以有效利用产品信息。

⑥系统集成管理的功能。它是指通过接口与 CAX ／ CAPP ／ ERP 等系统集成，形成统一的数据信息模型，对整个产品生命周期内所需的各种数据进行管理。

⑦产品维护管理的功能。它是指对产品生命周期中使用维护阶段相关信息的管理。

⑧采购和外包管理的功能。它是指企业以整个产品生命周期为视角，通过企业战略采购与产品设计部门通力配合来降低产品的生产成本。

⑨企业服务的功能。它是指为企业内部和外部的用户提供一些基本的服务工具，如提供 Web 访问，并获取所需的信息管理。

⑩用户职能定义管理的功能。它是指提供用户负责分配不同的管理级别，即为不同的用户分配管理职能和权限。

2. 产品全生命周期管理系统的体系结构分析

面对如此复杂和项目众多的产品生命周期管理功能，在考虑如何实现 PLM 的解决方案时，优化整个数字化产品价值链的产品开发过程，软件的体系结构至关重要。如果不了解 PLM 解决方案的基础架构，那么几乎不可能确保该方案可维护信息的完整性，支持广义用户之间高效的协作，以及支持产品数量、产品类型和全球合作的增长。一个差的体系结构，将导致部署困难，在每次升级时造成巨大的组件集成成本，而多种技术混杂也限制了将来系统的柔性，并容易产生多点故障。

解决这些 PLM 问题在于提供一个由合适软件体系结构驱动的完整产品开发系统，其中软件体系结构要考虑长期的需求。任何架构良好的企业 PLM 解决方案都应当由一致的核心体系结构组成，而这个体系应当是模块化的，以便根据需求增长进行快速部署和扩展。当前，主要有一体化、纯互联网式和可互操作式三种类型的核心体系结构。

（1）一体化体系结构，即模块化的解决方案，其建立于公共的体系结构和技术层之上，在各模块之间不会出现冗余、交叉或冲突。具有一体化体系结构的解决方案共享一个公共数据库模式、公共业务对象和过程模型，以及一个具有单一登录形式和外观的、基于 Web 的公共用户接口。然而，需要注意的是，完成一个一体化体系结构需要从头开始对其进行规划，并有充足的时间和资源，还要通过有组织地开发活动进行创建。

PLM 一体化解决方案拥有多种能力，包括产品数据管理、设计协作和项目管理、动态设计配置、零件管理及制造协作。制造商不再把各种不同的系统拼凑到一起。

（2）纯互联网式体系结构。支持分布式产品协同开发过程，其中的用户来自企业的不同部门，还有供应商、制造合作伙伴及客户团体内的用户。解决方案在安全的 IT 基础结构内配置了一个纯互联网架构，而在技术方面则采用了公共的 100%JAVA 代码库，所有这一切都能与采用行业标准接口的其他关键 IT 基础结构进行无缝部署。

纯互联网式体系结构包括 100% 的互联网基础结构、技术及基于行业标准的代码。一个并非纯互联网架构的体系通常不能通过一种简单的浏览器环境来连接大量的用户，而这种环境是需要全功能和安全的，并集成了 LDAP 和其他关键的 IT 基础结构部分。连接之后，这些用户还需要分成若干小组，通过所有相关的协作工具来安全且有目标地访问虚拟产品小组空间中所选定的产品信息和过程。

PLM 互联网体系结构经过精心设计，可以快速部署，能够满足当今的可用性、可伸缩性、数据完整性、可扩展性、安全性，以及可互操作性的需求，从而适应整个数字化产品价值链的增长。

（3）可互操作式体系结构。使用行业标准接口的完全开放系统，能够与其他产品开发工具、传统系统和当前使用的系统无缝进行通信。解决方案具有一个可互操作的体系结构，支持与各类 CAD 系统的互操作，与其他系统联合维护数据的强大能力，以及与企业的业务应用集成（EAD 销售商的关键过程集成）和完全 Web 服务互联互通。

即使拥有一个一体化的纯互联网体系结构，还是需要与制造环境中其他传统的和当前使用的系统及工具进行集成。可互操作式体系结构支持数字化产品信息和过程与用户系统的无缝集成，如桌面生产率应用、异构 CAD 系统及办公支持系统，包括 ERP、SCM、CRM 以及其他 PDM、传统系统及数据库等。

从企业系统集成层次上说，PLM 可互操作体系结构的企业系统集成解决方案不仅提供了集成所需的媒介，而且提供了与 ERP 系统的预先配置标准集成。这些集成系统提供了健全的功能、完善的事务管理、大量的可配置特性及一个易用 GUI 定制环境。为给 ERP 发布产品数据提供端到端的过程支持，ESI 还重新定义了一体化"开箱即用"支持等级。

第七章　制造业的全面数字化管理

进入 20 世纪 90 年代，由于世界科技革命迅猛发展，信息化浪潮席卷全球。在此背景下，制造业采用信息化带动工业化，走新型工业化的道路。新型工业化的特点：一是科技含量高；二是经济效益好；三是资源消耗低；四是环境污染少；五是人力资源优势得到充分发挥。对于我国制造业而言，新型工业化带来的是制造业全面信息化，一个显著特点就是企业资源计划（Enterprise Resource Planning，ERP）在制造业的全面推广。

ERP 作为企业使用现代信息技术的典范，将数字化引进到制造业经营、管理的各个环节，全面改革工作流程和管理体制，变模糊控制为精确控制，从而大幅度提高各种工作效率，提高工作人员和管理人员的素质，从根本上提高企业的竞争力。

ERP 作为一个完整的企业管理信息系统，能实现事前计划、事中控制的思想，并可以对企业的物流、资金流、信息流和商业流进行实时掌控，是实现企业整体效益的有效模式。它帮助我们实现了管理学界认为的一种较高境界，即"在正确的时间、正确的地点，用合适的人力、合适的物力、合适的财力、正确的方法，去完成正确的事情"。随着 ERP 在企业生根发芽并茁壮成长，它深深影响和改变了制造业企业的管理模式。

第一节　概　述

一、ERP 的发展历程

随着计算机技术的快速发展，20 世纪 60 年代开始了早期的计算机商业化应用探索。在制造业中的应用就是物料需求计划（MRP）。在 20 世纪 80 年代，出现了制造资源计划（MRP Ⅱ）。

进入 20 世纪 90 年代，在经济全球化和市场国际化的发展趋势下，制造业所面临的竞争日趋激烈，这就促使制造业企业在经营策略方面发生重大转变，于是以客户为中心、基于时间、面向整个供应链的经营策略成为新形势下制造业发展的基本趋势，加上计算机技术及网络技术的日益普及，客观上为制造业的全面数字化管理提供了必要的技术基础。企业资源计划 ERP 就是在这样的背景下应运而生的。它是在 MRP Ⅱ 的基础上，面向供应链管理，快速重组业务流程，实现企业内部与外部更大范围内信息的集成。

二、ERP 系统的构成

目前，ERP 尚不能像 MRP Ⅱ 标准系统那样形成一个标准化、规范化的系统。ERP 由美国 Gartner Group 咨询公司首先提出，作为当今国际上一个最先进的企业管理模式，它在体现当今世界最先进的企业管理理论的同时，也提供了企业信息化集成的最佳解决方案。它把企业的物流、资金流、信息流统一起来进行管理，以求最大限度地利用企业现有资源，实现企业经济效益的最大化。ERP 的核心管理思想就是实现对整个供应链的有效管理，主要体现在以下三个方面：

（1）对整个供应链资源进行管理的思想。

（2）体现精益生产、同步工程和敏捷制造思想。

（3）体现事先计划与事中控制的思想。

其实 ERP 是把制造业的全面管理流程从传统、模糊、各自为政的运作状态转向数字化、精准化管理的过程。通过把企业的市场营销、制造管理、质量控制、财务、运输、发货、设备管理等运行过程完全数字化，建立一套 ERP 运行基础数据，从而借助计算机平台、采用先进的数据库技术、网络技术及计算机管理软件，把企业的整个运作过程用计算机准确地记录下来，从而帮助企业做到让管理变得更加精确。如果说数字化技术帮助制造业完成了生产、设计过程的自动化，那么 ERP 就是用数字化技术帮助企业完成了管理过程的自动化。其实怎样让企业的管理精确，这是困扰许多企业多年来的一个实际问题。现在，有了 ERP 这个利器，这个问题迎刃而解。借助 ERP 工具，计算机忠实地告诉人们"每一分钱的去向和每一秒钟的去向"，也就是说企业的管理过程变得精确化了，这就是 ERP 的真正意义所在。

第二节　ERP 运行的基础数据环境

一、物料主文件

任何制造业都要生产产品，在 ERP 系统中，产品是用描述其形成过程的产品结构模型来表达的，物料清单是产品结构的报表形式。组成产品结构的最小单元则是物料。

ERP 系统中的物料是指凡要列入计划、控制库存、控制成本的物件的统称，它可以是原材料、配套件、毛坯、半成品、在制品、副产品、回收品、需要处理的废品、包装材料、标签、说明书、技术文件、产成品，甚至包括不能存储的能源等。

物料具有相关性、流动性及有价性。必须为每种物料建立一份文档，即所谓的物料主文件（Item master 或 Material master）或物料文档，说明物料的各种参数、属性及有关信息，反映物料同各个管理功能之间的联系。通过主文件来体现信息集成。物料主文件的作用是标识和描述用于生产过程中的每一物料的属性和信息，它是 ERP 系统的最基本的文件之一。

二、物料清单

物料清单（Bill of Material，BOM）是产品结构文件，它不仅列出某一产品的所有构成项目，还指出这些项目之间的结构关系，即从原材料到零件、组件，直到最终产品的层次隶属关系。

在编制物料清单之前，要做好前期准备工作。

（1）定义企业所有物料的分类，建立各种分类码的基本要求是说明物料的来源（自制、外购等）、物料的处理方式（虚拟、库存、选配等）及会计科目的关系。

（2）每项物料必须有唯一的代码（物料号），即同一种物料，不论出现在什么产品上，只能用同一个代码；而不同的物料，哪怕只有极微小的差别也不能用同一个代码。就好像一个人在企业里，都有一份人事档案，他可以在不同的部门身兼数职，但他的姓名却是唯一的。

在 ERP 系统中，物料分类—物料号—物料主文件—物料清单，均应该依次编制。这是一个非常规范的操作流程，前道程序没完，后道程序不能进行。

三、工艺路线

工艺路线（Routing）是说明零部件的加工顺序和标准工时定额的文件，是描述某项目制造过程的文件，也称为加工路线。工艺路线是一种计划文件而不是工艺文件。它不详细说明加工技术条件和操作要求，而主要说明加工过程中的顺序和生产资源等计划信息。它包括要进行的加工及其顺序，涉及的工作中心以及准备和加工所需的工时定额。在某些企业里，工艺路线还包括工具、操作工技术水平、检验及测试的需求等。

工艺路线文件主要包括的数据项为工序号、工作描述、所使用的工作中心、各项时间定额（如准备时间、加工时间、传送时间等）、外协工序的时间和费用。另外，还要说明可供替代的工作中心、主要的工艺装备编码等。

工艺路线文件代表着一项作业在企业内的运动方式。如果说物料清单用于描述物料是按怎样的层次结构连在一起的，那么工艺路线则是用来描述制造每种物料的生产步骤和过程，并且用于确定详细的生产进度。工艺路线的主要作用如下：

（1）计算加工件的提前期，提供运行物料资源计划的计算数据。

（2）计算占用工作中心的负荷小时，提供运行能力计划的数据。

（3）计算派工单中每道工序的开始时间和完工时间。

（4）提供计算加工成本的标准工时数据。

（5）按工序跟踪在制品是工序跟踪报告的依据。

四、工作中心

工作中心（Working Center）是用于生产产品的生产资源，是各种生产能力单元的统称，它包括机器、人和设备等。工作中心可以是一台设备、一组功能相同的设备、一条自动生产线或装配线、一个班组、某种生产单一产品的封闭车间等。对于外协工序来说，对应的工作中心则是一个协作单位的代码。

1. 工作中心的内容

工作中心主要是计划与控制范畴，而不是固定资产或设备管理范畴的概念。

工作中心的内容应包括工作中心的编码、名称和所属部门，此外至少还应有以下两项重要的数据项：

（1）说明生产能力的各项数据。工作中心的能力用一定的时间内完成的工作量即产出率来表示。工作量可表示为标准工时（以时间表示）、米（以长度表示）、件数（以数量表示）等。

工作中心定额能力 = 每日工作班次数 × 每班工作时数 × 工作中心效率 × 工作中心利用率

其中：

利用率 = 实际投入人工时数 / 计划工时数

效率 = 完成定额工时数 / 实际投入工时数

上述公式中，效率与操作人员技术水平和设备使用年限有关。利用率与设备的完好程度及操作人员的出勤率、停工率等因素有关。工作中心的定额能力应是能持续保持的能力。为使定额能力可靠有效，需要经常与实际能力比较并修正。

（2）计算成本用的各项数据，如不同等级操作人员的单位时间费率及人数等。

2. 工作中心的作用

工作中心的作用主要体现在以下四个方面：

（1）作为平衡任务负荷与生产能力的基本单元，是运行能力计划时的计算对象。分析和控制能力计划执行情况也要以工作中心为对象，进行工作量的投入产出分析。

（2）作为车间作业分配任务和编排详细进度的基本单元，派工单是按每个工作中心来说明任务的优先顺序。

（3）作为车间作业计划完成情况的数据采集点。

（4）作为计算加工成本的基本单元。零件加工成本等于工作中心数据记录中的单位时间费率乘以工艺路线数据记录中占用该工作中心的时间定额。

五、提前期

任一物料项目从完工日期算起倒推到开始日期这段生产周期，称为提前期（Lead Time），也即从工作开始到工作结束的时间。对整个生产周期而言，提前期可以细分为设计提前期、采购提前期、生产加工提前期及装配提前期等。整个生产过程中各个提前期的总和即为总提前期。

对于加工装配阶段，整个提前期由五类时间组成。

（1）排队时间——零件在工作中心前等待上机器加工的时间。

（2）准备时间——熟悉图样及技术条件，准备工具及调整的时间。

（3）加工时间——在工作中心加工或装配的时间。

（4）等待时间——加工完成后等待运往下道工序或存储库位的时间。

（5）传送时间——工序之间或工序至库位之间的运输时间。

以上五类时间之和形成了加工件的生产周期，也即从下达任务开始到加工完成为止的时间。提前期随批量和能力的变化而变化，作业进度安排上的问题也将影响提前期的时间。

六、库存记录

由于库存记录数据是编制物料需求计划的启动数据，故库存记录是 ERP 系统的主要数据之一。这里的库存是指各种物料的库存，库存记录中要说明现有库存余额、安全库存量、未来各时区的预计入库量和已分配量。

七、基础数据的相互关系及设置顺序

ERP 作为一种信息系统，首先要规范其基础数据。ERP 基础数据分静态和动态两大类。所谓静态数据是指可以在生产活动开始之前就设定的那些数据文件；反之，那些在生产活动开始以后才会出现的数据则称为动态数据。

静态数据有客户、供应商文件，有关能力的数据文件（部门、工作中心、工艺路线和工作日历），成本中心和会计科目，关于物料信息的文件（物料分类、物料号、物料主文件、物料清单），物料的仓储信息（库房代码及货位信息等）。这些静态数据需先期输入系统。

动态数据则有库存信息（出入库及订货单等信息）、需求信息（销售订单）等。这些数据是随着生产进程的发展而随时变化的，因此要随时更新数据，保持动态数据的实时性。

ERP 系统根据一定的运算规则，对各种静、动态数据进行实时处理，从而得出一系列中间信息，这些信息将给管理人员提供决策支持。

第三节　ERP 系统的层次计划管理

ERP 作为一个完整企业管理信息系统，能实现事前计划、事中控制的思想，并可以对企业的物流、资金流、信息流和商业流进行实时掌控，是实现企业整体效益的有效模式。它将从五个计划层次来达到管理的目的，分别是经营规划、销售与运作规划、主生产计划、物料需求计划和车间作业控制。划分计划层次的目的是体现计划管理由宏观到微观、由战略到战术的深化过程。

在五个计划层次中，经营规划和销售与运作规划属于宏观规划，而主生产计划则是由宏观向微观过渡的层次，物料需求计划和车间作业控制属微观层次的控制。前三个层次是决定企业经营战略目标的层次，它们常被称为主控计划。

ERP 的目标是既要达到计划切实可行，又要不偏离经营规划的目标。要做到这一点，每个计划层次都要处理好需求与供给的矛盾，也就是要落实以下三个问题：

（1）生产什么？生产多少？何时需要？

（2）需要多少能力资源？

（3）有无矛盾？如何协调？

上一层次的计划是下一层次计划的依据，下一层次计划要符合上一层次计划的要求。如果下层计划偏离了上层计划的要求，那么计划执行得再好也不能达成企业的目标。

一、经营规划

所谓经营规划是为企业的长远发展而做的规划，它确定了企业的经营目标和策略。其主要内容如下：

（1）产品开发方向及市场定位，预期的市场占有率。

（2）营业额、销售收入与利润、资金周转次数、销售利润率和资金利润率。

（3）长远能力规划、技术改造、企业扩建或基本建设。

（4）员工培训及职工队伍建设。

企业经营规划目标，通常以货币或金额来表达。这是企业的总体目标，也是关键业绩指标，是其他各层次计划的依据，其他所有层次的计划，只是对经营规划的具体细化，而不能偏离企业经营规划。

二、销售与运作规划

在早期的 MRPH 中把销售规划与生产规划分为两个层次，由于它们之间有着不可分割的联系，所以后来就合并为一个层次。

销售与运作规划的主要目标是建立一个集成和一致的运营视图，是在较高的计划层次上，解决各个核心业务之间的协调问题，也就是市场、销售、产品研发、生产、供应、财务、能力资源、库存各项业务的供需平衡。核心就是处理需求与供应的矛盾。

销售与运作规划的战略目的是保证所有部门的运作都与企业的经营规划保持一致，确保以最有效和经济的方式支持经营规划。由于企业的预算和计划往往由不同部门制订，销售与运作规划就是要提出一个单一的、集成和协调一致的计划，以此作为企业各部门的行动依据。销售与运作规划必须由企业一把手主持，会同各高层经理一起协调计划，检查月度执行计划的情况，并预见未来 12~18 个月的计划。要讨论预算、产品结构调整及新产品的适时引入、市场推广活动计划等各项影响企业经营规划的因素。因此，销售与运作规划是一项由企业最高管理层主持的决策流程，也是企业高层管理人员对 ERP 系统的主要输入。

销售与运作规划把战略级的经营和财务规划与主生产计划连接起来。通过该计划过程协调高层计划及销售、财务、工程、研发、生产、采购等部门。在这个流程中，每个部门都要知道其他部门的制约因素，同时又要千方百计地减少本部门的制约因素。

在制订销售和生产计划的过程中，有效的判断和决定是不能由计算机做出的，计算机只能给人提供支持和相关信息，来评价不同销售与运作规划策略可能带来的结果，然后由相关人员主观判断来决定。

三、主生产计划

主生产计划通俗地说是关于"将要生产什么"的一种描述。它根据客户合同和预测，把销售与运作规划小的产品具体化，确定出厂产品。因此，主生产计划是从宏观计划向微观计划过渡的过程，是联系市场销售和生产制造的桥梁，使生产活动符合不断变化的市场需求，同时还向销售部门提供生产和库存的信息，起到了沟通内外的作用。

四、物料需求计划

物料需求计划是根据反工艺路线的原理，按照主生产计划规定的产品生产数量及期限要求，利用产品结构、零部件和在制品库存情况、各生产（或采购）阶段的提前期、安全库存等信息，反工艺顺序地推算出各个零部件的出产数量与期限。

物料需求计划有两种基本的运行方式：全重排式和净改变式。

五、车间作业管理和采购作业管理

按照 ERP 的逻辑流程，车间作业管理和采购作业管理均属于计划执行层面。环境是随时可能变化的，计划的执行过程不但要有效控制以保证其实现，而且要提供所有真实的执行数据，作为评价业绩和改进工作的依据。

主生产计划给出了最终产品或最终项目的需求，经过物料需求计划按物料清单展开到零部件直到原材料的需求计划，即对自制件的计划生产订单和对外购件的计划采购订单，接着就是通过车间作业管理和采购作业管理来执行上述计划。

1. 车间作业管理

车间作业管理的工作内容主要有下列五个方面：

（1）核实 MRP 产生的计划订单

虽然 MRP 为计划订单规定了计划下达的日期，但是在这些订单批准下达投产之前，还要检查物料、能力、提前期和工具的可用性。作为生产控制人员，要通过计划订单报告、物料主文件和库存报告、工艺路线文件和工作中心文件及工厂日历来完成以下任务：

1）确定加工工序。

2）确定所需的物料、能力、提前期和工具。

3）确定物料、能力、提前期和工具的可用性。

4）解决物料、能力、提前期和工具的短缺问题（如果有短缺的话）。

（2）执行生产订单

执行生产订单的工作包括下达生产订单和领料单、下达工作中心派工单以及提供车间文档。

（3）收集信息、监控在制品生产

必须对工件通过生产流程的整个过程加以监控，查询工序状态、完成工时、物料消耗、废品率、投入／产出等报告，控制排队时间、分析投料批量、控制在制品库存、预计是否出现物料短缺或拖期现象。

（4）必要时采取调整措施

如预计将要出现物料短缺或拖期现象，则应通过加班、转包或分解生产订单来改变能力及负荷。如果仍不能解决问题，则应修改物料需求计划甚至修改主生产计划。

（5）生产订单完成

统计实耗工时和物料、计算生产成本、分析差异、产品完工入库事务处理。

2. 采购作业管理

制造业的一个共同特点就是必须购进原材料才能进行加工，必须购进配套件、标准件才能进行装配。生产订单的可行性很大程度上要依靠采购作业来保障。企业生产能力的发挥，在一定程度上取决并受制于采购工作的制约。为了按期交货，采购作业是不可或缺的保障环节。采购提前期在产品的累计提前期中占很大的比例。

采购作业管理的主要工作内容如下：

（1）货源调查和供应商评审。建立供应商档案，记录供应商代码、名称、地址、电话、联系人、品名、规格、物料代码、价格、批量要求、折扣、付款条件、发货地点、运输方式、供应商信誉记录、技术水平、设备及生产能力等相关信息。

（2）确定供货商。查询档案记录，选择适合的供应商，并就商品价格、技术和质量要求等事宜与供应商进一步洽谈。

（3）核准并下达采购订单。

（4）采购订单跟踪。包括抽检货品质量、控制进度、安排运输等事宜。

（5）到货验收入库。验收报告录入、库存事务处理、退货、返工处理等。

（6）采购订单完成。费用结算、费用差异分析、供应商评价、维护采购提前期数据、维护订货批量调整因素。

第四节　ERP 系统的管理内容

一、计划管理

ERP 是计划主导型的生产计划与控制系统，它包括两个方面的计划：一方面是需求计划；另一方面是供给计划。两个方面的计划相辅相成，应随时进行供需平衡，并根据反馈信息及时加以调整，从而实现企业对整个生产经营活动的计划与控制。

二、物料管理

美国生产与库存管理协会对物料管理的定义是："物料管理集中了支持物流全过程的所有管理功能，从采购、内部控制的生产物料，到全部在制品的计划与控制，再到最终成品的入库、发货和分销。"

物料管理实质就是将规划、组织、领导、控制及用人的管理功能渗入企业产销过程中，以经济合理的方法获取企业所需物料的管理方法。所谓"经济合理"的方法，是指物料管理必备的"五适"原则，即在适当时间、适当地点，以适当价格及适当品质获取适当数量的物料。对于物料管理来说，物料就是资金，而且这种资金还有时间价值。要强调库存物料的价值观，缩短生产周期，加速库存周转，以降低成本、提高资金利用率。

1.物料管理的目标

（1）正确计划用料。

（2）保持适当的库存量。

（3）强化采购管理。

（4）及时盘点，保持库存数据的准确性。

（5）确保物料的品质。

（6）发挥储运功能，确保物料的流通速度。

（7）合理处置滞料。

2.库存管理的标准

库存管理通常被认为是对库存物资的数量管理，其主要目的是保证生产和销售的正常进行。它是物料管理的重要组成，以及控制物流的重要内容。库存是可以交换和销售的流动资产，它反映了企业财务状况的好坏，直接影响着企业的资产负债表和损益表。库存管理的标准是：

（1）既保证生产和销售的需求，又控制资金的占用。

（2）把库存占用的资金额控制在企业的预算范围内。

（3）让库存资金周转次数接近、保持或超过行业领先水平。

3. 库存类型

根据库存的目的不同，通常有下列五种库存类型。

（1）安全库存，有时也称最小库存或最低库存。需求和供应都可能出现偏离计划或预测的情况，为了在遇到不确定因素时能保证生产不中断，在计划需求量之外，经常保持一定的库存量作为安全储备。在 ERP 系统中，当实际库存量低于安全库存量时，系统会自动生成订单建议用户补足安全库存。

安全库存不是不变的，也不是所有物料都需要有安全库存的。预测的准确性、市场和供应的稳定性、生产率的高低、提前期的长短都会影响安全库存量。

（2）预期库存，或称季节性库存。即受季节供应约束的外购物料，受季节市场变化影响的产品，或为工厂节假日及设备检修而事先需要储备的物料称为预期库存。

（3）批量库存。受供应、加工、运输、包装或享受折扣优惠等因素影响，必须按一定批量生产或采购，由此形成的超出实际需要的库存称为批量库存。

（4）在途库存。对于企业内部来说，在途库存是指在工序之间传送、等待、缓冲而形成的在制品库存；对于企业外部来说，在途库存是为了保持连续向用户供货而持有的在运输途中的物料。

（5）囤积库存。针对通货膨胀或市场物料短缺趋势而储备的生产必需物料。

总之，按照库存控制原则，所有被储备的物料都有其目的，没有目的就没有必要储存物料。

三、采购管理

企业生产订单的可行性在很大程度上要靠采购作业来保证，企业生产能力的发挥，一定程度上也要受采购供应的制约。采购提前期在整个产品生产周期中往往占了很大的比例，实现按期交货满足客户需求，第一个保证的环节就是采购作业，它直接关系着计划的如期执行。实质上，采购作业是企业能力的外延，如果此外延能力不能保证需求，那么销售计划就无法完成。

从供需链管理的角度来看，由于采购周期一般比较长，不确定因素较多。而且供应商毕竟不是企业本身，对需求变化的应变能力和响应速度相对较为迟缓，因此很可能成为供需链中的薄弱环节，影响企业的竞争力。随着全球经济一体化的发展趋势，企业经济效益观念日益加强，大而全的企业组织形式逐渐被专业化生产和企业间协作模式所取代。在这样的形势下，外购件、外协件在产品结构中的比重必然逐渐增加。采购作业面向全球的现象越来越普遍，这就对采购作业管理提出了更高的要求。供应商技术的发展和质量的提高，直接影响企业产品的竞争力，采购管理的重要性日益突出。

按照现代企业的经营观点，企业同供应商的关系不再是讨价还价的关系，而是一种合作伙伴关系，双方建立长期的供应协定，互惠互利，按照滚动计划的方法，近期的采购条件比较具体详细，远期的条件可以比较笼统。但有一个控制范围，把长期协定与短期合同结合起来，一次签约，分期供货。这就是所谓的采购计划法或称供应商调度。

采购管理重要性的另一个表现是它与库存之间的关系。采购管理一旦失当，会造成大量多余的库存，而库存会导致占用企业大量资金并发生管理成本。从质量的角度来说，劣质物料给产品带来的潜在影响会非常大，带来的潜在成本也非常高。采购管理的优劣直接影响着供货的及时性，而这些都将影响企业最终产品的价格和及时性。

四、成本管理

企业要使自己的产品在市场上有竞争力，就必须对其成本进行控制，否则将影响企业的生存和发展。ERP 为企业的成本管理提供了工具，可以对企业的生产成本进行预测、计划、决策、控制、分析与考核。

会计是以货币作为反映方式，采用专门的方法，对经济业务进行核算和监督的一种管理活动。现代会计学把主要为企业外部提供财务信息的会计事务称为财务会计，而把为企业内部各级管理人员提供财务信息的会计事务称为管理会计。ERP 使用的是管理会计的原理，采用 20 世纪早期产生并被广泛使用的一种成本管理制度——标准成本体系。ERP 内部集成的主线是计划与控制系统，不仅要对生产活动实行计划与控制，还要对成本和资金实行计划与控制，其控制的特点就是事前计划、事中控制、事后分析。

编制财务报表要按照财务会计的原则，而经营管理则要运用管理会计的方法。我国的会计电算化系统是完全按照财务会计原则编制的，没有体现管理会计的思想，它可以提供自动生成国家要求的相关报表，但却不利于企业内部的成本控制。ERP 则由于使用管理会计的准则，而不能提供我国政府规定的相关报表。在市场经济体制的冲击下，国内企业逐步向国际惯例靠拢，管理会计的思想在国内也日益普及，因此 ERP 中的成本管理模块对企业来说是有用的。至于企业需要的国家规定的报表，可通过接口的方式与国内主流的财务软件对接，以便自动生成相应报表。

为了便于计划、监控、分析和维护产品成本，在 ERP 系统中通常设置以下四种基本的成本类型。

（1）标准成本。

（2）现行标准成本。

（3）模拟成本。

（4）实际成本。

五、销售管理

销售部门在企业中处于市场与企业的供应接口，它的主要职责是为客户提供产品及服务。在此过程中，实现了企业的资金转化并获得利润，为企业生存与发展提供动力。销售管理主要业务如下。

（1）制订销售计划和产品报价。开拓市场，对企业的客户进行分类管理，维护客户档案信息，制定针对客户的合理价格政策，建立长期稳定的销售渠道。

（2）进行市场销售预测。销售预测是企业制订销售计划和生产计划的重要依据。其过程是通过对市场需求的历史信息及当前的销售数据进行分析，同时结合市场调查的统计结果，对未来市场情况及发展趋势做出推测，以此指导今后的销售活动和企业的生产活动。

（3）编制销售计划。销售计划的编制是按照客户订单、市场预测及企业生产情况，对某段时间内企业的销售品种、数量及售价做出的安排。

第五节　网络经济时代制造业数字化趋势

综观世界经济史，人类经历了从农业经济、工业经济、信息经济到网络经济的四大发展阶段。ERP 系统正是信息经济时代的产物，它借助管理信息的数字化，使得企业管理由仅仅关注生产能力的提升，转变到了关注企业资源的整体计划，尤其是打通企业内部各个部门之间的"信息孤岛"，提升内部供应链的有效协同，为企业规范流程、提高效率及应变能力、降低内部成本、提升企业竞争力等做出了显著的贡献。

在网络经济时代，制造业的数字化进程也随之加速。出现了客户关系管理、供应链管理、电子商务等一系列新型商务模式。

一、客户关系管理

当ERP用数字化管理手段提高了企业内部管理效率后，制造业的生产力大大提高，此时生产能力已不成问题，开拓市场成为当务之急，于是顾客驱动的理念被越来越多的企业所接受。企业的商业策略和销售手段由坐等客户上门转向主动推销，由"以产定销"变为"以销定产"，相应管理的重心也由内部管理逐步转向外部管理，从以产品为中心转向以客户为中心。对应的计算机管理软件就出现了客户关系管理。

客户关系管理就是对销售、市场营销、客户服务／支持的客户关系流程进行改善并使其达到自动化的一种软件。实施客户关系管理系统是一种新颖的企业战略和管理手段，它是以信息技术为依托、围绕以客户为中心的经营策略建立起来的一种管理环境。建立这个环境的目的是最大限度地满足客户的需求。

客户关系管理软件可以通过互联网、呼叫中心、移动设备等多种渠道来跟踪和管理与客户交往的一切活动，它的主要功能如下。

1. 销售自动化

销售人员可以借助计算机网络及各种通信工具，无论何时、何地都可以及时了解相关的销售信息，客户则可通过电子商务的网上交易平台来预订或购买企业的产品及服务。

2. 营销自动化

系统自动编制营销计划，跟踪执行情况，给出结果分析。

3. 良好的客户服务与支持

这是客户关系管理的重要组成部分。它提供了产品质量、现场服务、订单跟踪、客户关心、服务请求及相关维修调度、纠纷解决、信息反馈等功能。

上述三方面的改善，可以使企业多渠道地与客户进行交流，并且大大加快了交流信息的传递速度，在开拓市场、吸引客户、减少销售环节、降低销售成本、提高企业运行效率及客户满意度方面给企业带来了很多益处。

二、供应链管理

供应链是指产品生产和流通过程中所涉及的原材料供应商、生产商、分销商、零售商，以及最终消费者等成员通过与上游、下游成员的连接组成的网络结构。也就是由物料获取、物料加工，并将成品送到用户手中这一过程所涉及的企业和企业部门组成的一个网络。

在供应链管理中，供应链上的供应商、制造商、批发商、零售商及消费者之间，随着物流的发生而形成了相应的信息流及资金流，企业相互之间又建立起了利益共享的合作伙伴关系，他们各自所制订的计划被纳入整个供应链计划中，形成了一个跨企业的大系统。对于供应链上的供应商、制造商、批发商、零售商及消费者，都属于供应链系统中的一个子系统，这些子系统之间关系密切、利益相关，通过优势互补来形成增值的供应链。

供应链的管理，是通过把各子系统中的物流、资金、供销及管理信息等相关信息完全数字化，从而纳入计算机信息管理系统，在此基础上将各合作伙伴的物流、资金、管理信息等资源进行统一计划、调度、调配、控制及利用。

供应链管理的主要内容有：

（1）供应链关系管理。

（2）销售订单管理。

（3）采购管理。

（4）高级计划排程。

实施供应链管理可降低物流费用、降低交易费用、提高物流效率、提高顾客满意度，从价值和成本两个方面来创造竞争优势。信息技术在供应链中具有独特的地位，将销售的信息灵活运用到采购、生产、物流中，增加计划控制，逐渐形成按需订货、按需生产，最大化地节约社会资源。信息技术的支持，使整个供应链有条不紊地运作，使商品的生产、供应和销售达到一种和谐的状态。

三、电子商务

电子商务是一种基于互联网，并按照一定的标准和协议，进行商务信息交流活动的模式。它将传统的单据、报表的流动，资金的流动，人员的流动，转化为电子数字的流动。在电子单据、数字货币、电子银行、电子咨询等电子服务中，唯一保留了商品运送这一人工物流环节。电子商务的本质是企业内部管理流程与企业外部商务交易的整合。

随着信息化时代的到来，信息化已经成为全球企业公认的现代发展途径。随着经济全球化、贸易自由化和信息现代化的进一步发展，商务技术、计算机技术、信息技术和管理技术相结合产生了新的生产力——电子商务。它的出现使企业能够从传统的贸易方式发展到在网上建立虚拟市场完成产供销全部业务流程。基于互联网的电子商务，从数量上看是一种"一对多"或"多对多"的交易；从交易对象来说，它可以是企业或者是直接客户，不同交易对象的组合，形成企业—企业、企业—客户、客户—客户等交易模式。

互联网时代，电子商务成了最显著同时也是发展最快速的新经济形式的标志。用比尔·盖茨一句非常流行的话"21世纪，要么电子商务，要么无商可务"，深刻地表述了互联网时代电子商务的重要性，电子商务已经给传统的经济形式带来了强烈的冲击。

第八章 智能制造：体系构建与行动路径

第一节 制造业智能化、数字化转型

进入 21 世纪，信息技术的发展速度不断加快，现代化人工智能技术的发展尤为迅速，并在发展过程中取得了一系列的成就。与此同时，网络信息技术、智能化技术、数字化技术在制造领域的应用，推动了行业革新与发展，促进了新一轮工业革命的开展。现代化制造技术与人工智能技术的结合发展，使智能制造技术应运而生，为新一轮工业革命提供了技术支撑，促使制造业在运营模式、发展理念等方面进行创新，探索新的发展路径，建立新的技术体系，并改革传统产业业态，为全球制造业的发展打开新的局面。

从本质层面来分析，信息系统具备认知与学习能力是新一代智能制造的主要特征。认知与学习功能本属于人类大脑的功能，如今将这两种功能赋予信息系统，是对人与信息系统之间关系的彻底颠覆。如此一来，信息系统除了能够进行信息感知、统计与计算、信息控制，还能独立进行信息输出，并逐渐增强学习能力。这种方式改变了之前的人、信息与物理系统之间的关系，体现出现代化智能制造的技术运行逻辑，能够进一步促进智能制造的理论探索与具体的产业应用。

智能制造的发展是一个系统化的工程，该系统在功能层面包含三个子系统，分别是智能产品系统、智能服务系统与智能生产系统，除此之外，智能制造系统的正常运转也离不开智能制造云与工业智联网的支持。

在产品方面，现代化智能制造、人工智能的应用为智能产品的发展创造了新的机遇，促进企业完成制造装备与产品的转型升级，用智能化产品与装备代替数字产品与装备。在产品生产过程中，企业依托智能生产，并发挥智能工厂、智能车间、智能生产线的作用，促进智能制造向服务型方向发展。

随着大数据、人工智能、物联网等先进技术在制造领域的应用，产品运营过程中的各个环节，包括市场运作、产品供应、产品营销及后期维护等都会发生深刻的变化。

传统模式下，制造产业围绕产品开展运营，实施供给侧改革之后，用户将代替产品占据核心地位。

另外，在人工智能、网络信息技术、现代化通信技术、云技术应用的驱动下，智能制造云与工业智能联网能够取得跨越式的发展，进一步促进智能制造的发展，使企业革新生产方式，提高生产力。

在具体发展过程中，西方发达国家的智能制造业采用的是"串联式"发展模式，依次经历了数字化、网络化、智能化发展阶段。我国与西方发达国家的国情不同，不应该照搬西方发达国家的发展模式。考虑到我国的智能制造起步较晚，在技术发展过程中，应该实施"并联式"模式，同时在数字化、网络化及智能化制造领域展开布局，积极引进并应用新兴技术手段，通过整合优势力量集中促进我国制造业的改革。

目前，我国很多企业还处在向数字化转型的过程中，这些企业需要重视数字化建设与发展，为智能发展做好准备。企业在实施"并联式"发展模式时，应根据自身的具体情况，借助先进的技术手段，走融合发展的道路，既要进行数字化转型，又要开展智能化建设。

在进行技术整合与发展的过程中，企业要改革传统理念，积极进行创新，充分考虑自身发展需求，从生态层面出发进行产业改革与升级，要发挥各个部门之间的协同作用，促进内部的信息交流与共享。与此同时，企业还要扩大对外开放的程度，加强与同行业内其他企业之间的合作，促进全球智能制造的发展，为新一轮工业革命的开展提供驱动力量，为整个人类社会的进步做出积极的贡献。

路径一：精益化生产。

无论企业是向数字工厂还是智能制造方向发展，都要满足一定的实施条件，并选择合适的路径进行过渡，在这个过程中，企业所属行业、自身特点等都会对其转型路径的选择产生影响。我国传统制造业在向智能制造转型的过程中，通常要经历精益化生产、自动化流程、全球化布局、数字化建设、智能化升级的发展路径，但由于企业所属领域不同、自身性质不同等，其市场需求模式、管理基础、产品制造方式之间存在差异，企业最终选择的转型路径也有所侧重。

有些个性化需求存在品种多、批量小的特点，为了满足这种需求，企业推出了精益化生产模式，通过采用智能自动化技术来进行产品生产，确保按时交货。

随着经济的发展，作为一种新型管理理念与方法，精益模式的应用从最初的生产环节逐渐延伸到了价值链各个环节中，包括研发、供应、营销等，促进了世界范围内的产业变革。采用这种管理理念的企业奉行"创造价值，消除浪费"的观念，通过改革生产工具、采用先进技术等提高生产资源的利用率，在提高产品质量的同时加快整体运转。

实践证明，如果企业能够坚持实施精益模式，最终就能实现跨越式的发展。但迄今为止，我国企业中真正实施精益模式的仅为少数，虽然有很多企业鼓吹这种方式，但在经营与发展过程中，企业往往更看重利益，或者由于在导入环节遇到阻力，最终放弃这条道路。这类企业普遍存在资源浪费问题，经常面临库存压力，要进行重复性的货品搬运、手工作业，劳动强度大，商品质量不过关，难以按照预定时间交货。同样的行业，我国企业的平均库存周转时间远远超出美国，比如电子行业我国企业的平均库存周转时间是美国的 6 倍之多。在这种情况下，我国企业很难提高投资回报率。

企业要向智能制造转型，就要改变当前的生产模式，通过实施精益化来加快生产，提高投资回报率。精益的优势在于，企业不必进行额外投资，只要实现生产资源的优化配置与高效利用，就能够获得明显的进步。而要实现精益化发展，企业的管理层就要转变传统思维方式，坚定地实施企业改革。

企业的精益生产能力，会对个性化运营情况产生重要影响。此外，企业的标准化、模块化运作能力，也是企业实施个性化的前提与基础。在互联网及移动互联网时代，企业能够利用先进的技术手段优化生产方式，降低实现个性化生产的难度。

目前，个性化的实现还限于一定的范围之内，尚未实现完全的个性化，换句话说，如今的个性化商品，仍然是建立在一定的条件基础上的。

不同企业的精益化水平、信息化程度、标准化及模块化发展程度是不同的，所以，企业选择的个性化模式也存在区别，企业应该根据自身的条件选择适合自己的模式。人工智能技术、3D 打印技术的应用，能够更加容易实现完全个性化。

路径二：个性化定制。

随着社会经济的发展，市场上涌现出越来越多的商品，给消费者提供了更加多元化的选择，在这种经济环境下，人们越来越注重自身的个性化消费，与此同时，消费者在信息传播过程中掌握了更多的话语权，能够通过微博、微信等媒体平台进行信息生产与发布。

个性化并非近几年才出现的新模式，其诞生可追溯到 100 多年前由手工作坊生产出来的个性化产品。在具体运作过程中，企业不仅要保证产品质量，还要实现成本控制。

在定制化模式下，消费者可以根据自己的个人偏好下单，企业按照订单需求进行产品生产。这种方式能够减轻企业的库存压力，并达到节约运营成本的目的。

传统制造企业要实现智能化转型，必须将信息化、标准化、自动化、模块化建设相结合，形成一个可实现自行驱动与优化的智能制造体系。该体系不仅会颠覆传统制造企业现有的体系，还能创造一种新的商业模式。

对于智能化制造来说，基于互联网的信息化、模块化建设是基础。比如，长虹集团围绕用户全流程个性化体验对制造体系进行重构，提升了生产过程的灵活性，不仅缩短了新品研发、生产的周期，还通过持续推出新产品革新了用户体验。以长虹启客系列产品为例，这个系列的产品支持定制化生产。用户可以通过预约订购平台选择 CHiQ 电视的开机画面，根据需要对 CHiQ 空调的八种场景模式进行组合。

基于这一理念，长虹围绕个性化定制，在产品模块化设计的基础上，通过对生产信息化系统、自动化设备进行改造，对供应链进行优化整合，让制造业的前后端实现了高度协同，构建了一个专业化的智能制造平台。

现阶段，摆在企业面前的问题是如何让制造过程实现网络化、数字化、自动化，最终实现智能化。为了做到这一点，企业可以先通过 C2B 平台推出个性化定制业务，而个性化定制生产模式则要建立在定制信息系统开发、大数据分析的基础之上。届时，传统制造企业以信息不对称、特殊渠道为基础建立起来的优势将彻底消失，个性化定制将成为不可逆转的潮流与趋势。

从 3D 打印技术支持下的小规模定制，到通过构件模块化实现的大规模定制，再到自主多样的智能化制造，我们似乎能发现制造业未来的发展方向。但问题的关键在于，传统制造业如何做好个性化体验中心建设，如何将消费者需求与企业生产连接在一起。对于传统制造企业来说，只有做到了这一点，才能真正地通过互联网化提升自己的综合竞争力。

为了找到适合自己的发展路径，传统制造企业可以立足于企业实际，顺着上述发展路线进行思考，即从标准化制造到个性化定制、从大规模生产到大规模定制、从小众定制到大众定制、从贵族定制到私人定制，真正让每一个普通消费者都能享受到定制化服务，实现产销对接，降低企业库存，打造零库存。

目前，从全球来看，无论是在理论层面还是在实践层面，德国都在智能制造领域取得了先发优势。德国"工业 4.0"的最终目标就是要实现自动化生产、个性化定制。未来，随着自动化设备、计算机、互联网、3D 打印技术的全面融合，企业推出的个性化产品与服务可能越来越多，而工厂规模却有可能越来越小。

随着消费持续升级，消费者的需求越来越多，越来越个性化，一家企业显然不可能满足所有需求，这就需要企业之间相互协作。为了实现共同发展，企业必须相互协作创建一个系统化的应用环境，构建一个新的生态系统。

从国家层面来看，政府需要施力推动传统企业转型升级。另外，行业之间应相互协作，发挥各自的优势，形成产业集群效应，提升价值链的聚合效果，如建立平台分享机制、大数据共享机制等。

以玩具行业为例，玩具生产企业可相互协作，共同建设一个开放式的体验平台，打破区域之间的界限，从而形成一个分布式的资源系统，降低网络系统的开发成本，为需求生产协作问题提供有效的解决方案，进而构建一个系统化的应用环境，形成大数据库，对大数据进行深度挖掘，对挖掘结果进行优化利用。

需要注意的是，与实现销售目的需要互联网碎片化思维不同，实现规模化定制生产需要的是系统化思维。这就要求企业在个性化需求的引导下构建分布式的制造车间系统，打造系统化的应用环境，构建一个新的生态系统、经济结构，从而有效地应对市场变革，实现共同发展。

随着智能化制造的不断发展，未来可能会出现很多个性化体验中心，如服装个性化体验中心、手机个性化体验中心、家居用品个性化体验中心等。消费者只需动动手指或者动动鼠标就能买到称心如意的商品，甚至还能在2小时内收到商品。届时，消费者可能会进入这样一种生活状态：拥有什么无所谓，在意什么才重要。

无论如何，市场永远在发展、改变，企业必须坦然地面对这种变化，积极采取措施应对这种变化。为此，制造企业可能会采用一些技术手段，如构建开放式的体验平台、引入3D打印技术等。但企业想要实现可持续发展，就必须遵循市场发展趋势建立持续创新机制，有效应对市场的各种变革。

路径三：自动化流程。

在向智能制造转型的过程中，自动化是企业普遍关注的问题，在不少地区，政府与企业用"机器换人"来概括自动化发展，并在该领域进行了积极的探索。

传统模式下，企业对原材料的加工缺乏集中性，在进行改革之后，企业采用自动化生产线，将原本相互分割的工序集中起来，进行系统化的连续生产，省略了原材料储存、搬运等中间环节的操作，提高了生产效率。

有些企业通过实现自动化提高了运营效率，但也有部分企业在进行自动化改革后面临成本增加的问题。这些企业为了实现自动化运转，聘用了更多设备维护人员，在整体市场发展下行的大环境下，由于产能不足需要承担更多的能耗成本，无法覆盖投资，最终陷入发展困境。

在进行信息化与自动化改革的过程中，企业通常要投入大量成本，这就要求企业谨慎对待自动化发展，明确自身进行自动化升级的目的，准确计算投资回报率，确保在五年之内能够收回成本。与此同时，企业要对自动化设备进行检验，明确自己承担的风险，提高自动化转型成功的概率。一些企业在投资建设完成后，面临设备故障频发、设备使用不熟练等问题，出现自动化操作效率不及人工操作的情况，只能重新换成人工操作，导致那些耗费了大量成本的自动设备完全闲置不用，使企业自身面临巨大的经济压力。

面对不断提高的人力成本，越来越多的企业选择利用先进技术向自动化方向发展。但在具体发展过程中，不同企业的情况是不同的，企业应该根据自身的实际情况在自动化领域进行布局。要选择难度最低、投资回报最大的方式，在实现标准化、模块化的基础上进行自动化改革。

1. 模块化

汽车与计算机的生产与制造率先进入了模块化阶段，通过在产品设计、采购与生产环节实现模块化运作，能够在降低成本的同时，对接消费者的个性化需求。实现模块化后，企业就能够推出定制化产品与服务。

模块化让产品研发、采购与制造变得更加简单，通过使用统一的连接方式与接口提高了产品的兼容性，加快了产品生产的进程，减少了成本消耗，为自动化的实现打下了基础，提高了物流的运转效率。举例来说，在模块化实现之前，不同品牌的手机使用不同的充电器，各个品牌之间无法通用，如今这种情况已经明显得到了改善。

模块化的实施需要在企业内部及整个行业中进行标准化建设，这个过程涉及上下游各个环节的企业，实现难度较大，经历的时间也较长，这就要求企业加强与行业内其他企业之间的合作。

2. 标准化

对于制造业而言，标准化是企业向智能制造发展过程中的必经之路。

汽车的生产制造已经达到了较高的自动化水平，相比之下，家电产品生产的复杂性较低，家电生产的自动化程度更低，主要是因为家电行业缺乏统一的标准。依靠汽车行业内建立的统一平台，企业使用通用零部件进行产品制造，实现了成本节约。如今，汽车生产商是按照零部件进行整车生产，能够以批量化方式对标准化零部件进行生产，减少生产环节的成本消耗。

目前，我国企业对标准化缺乏足够的认识。产品生产所需的零部件、包装材料等分为多种规格，增加了企业在零部件生产及库存环节的成本消耗。另外，企业对生产过程缺乏有效的监管，在推出新产品或任用新的管理者后，会出现零部件增加的情况，未推行统一、标准化的流程。

在作业流程、作业方式上，企业也应该建立统一的标准，因为只有在实现标准化的基础上，才有可能进行自动化运作。如果产品零部件缺乏统一规格，作业方式也多种多样，企业实现自动化的难度就会大大提高，会在这个环节耗费大量成本。

路径四：全球化布局。

在企业的发展过程中，供应链层面的竞争逐渐取代了单个企业之间的竞争，未来生态系统层面的竞争将占据主导地位。正如美国《连线》杂志凯文·凯利在其著作《失控》中表示，世界经济的发展能够通过大企业之间的结盟体现出来，对企业而言，选择与竞争对手结盟更具优势，通过结盟，企业之间可以建立伙伴关系，形成完整的商业生态体系。

身处经济全球化的大环境中，当企业具备足够的规模基础时，就应该扩大资源调度范围，从而在实现成本控制的基础上加快自身运转。具体而言，企业可以在全球范围内进行采购资源、生产资源、市场资源与设计资源的配置。

将物资供应的调度范围扩大到全球，能够减少在采购与生产环节的成本消耗并获得更加优质的原材料，在这个环节，企业不仅要关注采购单价，还要对运输成本、库存成本、原材料质量、供应链变化、供应地的劳工政策、汇率变化情况等进行分析。

为了在世界范围内开拓市场资源，我国提出"一带一路"倡议，积极与其他国家展开合作，比如在海外国家建设高铁项目，进行相关产能的输出。在设计资源配置方面，我国在海外国家建立研发中心，根据当地的市场需求进行产品开发，或者利用当地的优秀人才资源进行研发设计，加快整体的产品研发进程，以联想、华为为代表的知名企业都采用这种方式进行产品研发。

路径五：数字化建设。

信息化的发展离不开数字化。企业在向智能制造发展的过程中，要在数字化建设方面投入足够的成本。利用先进的信息技术手段，企业能够以数字化方式实现人、设备与产品之间的互联互通。

利用人脸识别技术，企业能够捕捉并识别不同的用户。在识别技术快速发展的今天，即便用户处于动态中，企业也能够精确地进行信息识别。

利用产品生命周期管理（PLM）或企业资源计划（ERP）软件，企业能够对产品运行过程中的各个环节进行数字化处理，并以数字化方式打通产品设计、物料采购、生产制造等各个环节。

利用可编程逻辑控制器（PLC）、智能传感器等，企业可以把设备运行的相关信息发送给互联网或企业的生产信息化管理系统。在这方面，通用电气公司获取并分析来自飞机引擎的数据信息，从而改进设备参数，减少燃油消耗量，谷歌则致力于开发无人驾驶汽车。

这种方式，能够实现人、资源、物品、信息之间的连接，使人与人、人与产品、人与设备、产品与设备、不同设备之间的信息传递与分享成为可能。

随着数字化的发展，未来将有可能实现以下运作：消费者在移动终端提交自己的个性化需求信息，制造商接收用户订单后，将其发送给企业的产品生命周期系统（PLM），由企业据此开发产品仿真模型，然后通过企业资源计划系统获取产品与物料需求，为供应商的生产提供精准参考，之后利用物联网将物料运达工厂，启动自动化生产，使相关设备依据生产信息化管理系统执行加工操作，并利用物联网将生产出来的产品发送给消费者。

工业4.0要求传统制造业拥抱互联网，向数字化方向转型，借助先进的制造技术与信息网络技术建立智能工厂，对接消费者的个性化需求，在加速生产进程的同时，实现资源的优化配置。目前，我国很多企业正处于工业 2.0、3.0 时期，因此，与德国等西方发达国家相比，我国需要更长的时间才能真正进入工业 4.0 时代。

工业 4.0、数字化是制造业未来发展的主流方向。现阶段，除了人与人之间的沟通，人、资源、物品、信息之间尚未实现全面的互联互通，说明制造业在标准化建设、基础设施配备、法律政策支持、人才培养等方面还有很大的发展空间，但自动驾驶汽车的诞生也预示着该领域的良好发展前景。

不同行业的特征不同，企业的发展情况也不同，在数字化建设的过程中，行业之间会出现顺序上的差别。有些制造业在发展过程中形成了固有的生产流程，具体包括化工制造、食品制造等。这类企业建成了完整的工序体系，具备较高的自动化水平，能够以自动化方式获取部分设备的数据信息，实现数字化转型相对容易一些。

以电子电器、机械装备等为代表的制造行业，在产品生产过程中需要用到许多零部件，其制造工序缺乏集中性，在进行系统化整合过程中要克服诸多阻力，而且对企业的资金实力提出了较高的要求。这类行业应该循序渐进地向数字化方向发展。要采用精益方式实现核心工序之间的连接。

在具体实施过程中，应该首先实现不同工厂之间的数字化连接，其次是不同车间之间的连接，再次是核心工序、主要物料之间的连接，最后实现各个工序、所有物料之间的数字化连接。

受到技术条件的限制，企业应该根据自身的具体情况选择进行数字化转型的方式，分析投资回报率、人才培养、信息保护等多种因素。

路径六：智能化升级。

智能化分为两个层面：产品层面的智能化、制造过程的智能化。

先来分析产品层面的智能化。瑞信研究院发表的 2017 年度《全球财富报告》显示，自 2000 年起，中国的家庭财富每年增长 12.5%，至 2022 年将达到 38800 万亿美元，在世界 11 亿中产阶级中，中国所占比例由 2000 年的 12.6% 迅速升至 2017 年的 35%。由此可见，我国正处在消费升级时期，市场对工业品、消费品的需求迅速提高，智能化则为相关制造行业的发展开辟了新的道路。如今，互联网与移动互联网已经在我国得到普遍应用，政府也在积极建设网络化基础设施，有力促进了硬件产品的智能化升级。

在良好环境的支持下，越来越多的产品向智能化方向发展，如智能电视、智能汽车、智能手机、智能机器人等，越来越多的企业采用先进技术，从事智能产品的开发。在这方面，格力、美的等知名企业都在智能领域展开了布局。

除了消费品，工业品也在积极向智能化方向发展。企业通过采用智能控制技术进行设备改造，更加快速地进行数据获取与分析，采用统一的接口，实现企业内部不同信息系统之间的连接，促进信息的高效传递与分享，利用智能软件系统进行信息处理，从而加速企业运转，提高精准性，并帮助企业达到节约能源的目的。

在向智能制造转型的过程中，企业应该根据所属行业、自身的具体情况等，寻找适合自己的发展道路，通过开展精益化、自动化、全球化与数字化建设，循序渐进地实现智能制造。在这个过程中，企业应该明确自身转型升级的目的，还要对投资回报率进行准确的分析。

当前，在全球制造领域中，中国制造已跃居榜首。即便如此，从产品质量方面来说，我国企业生产的产品在国际市场上仍然无法占据优势地位。在今后的发展过程中，中国制造应该更加侧重于提升产品质量而不是发展速度，在从精益生产走向智能制造的过程中，不断探索适合我国制造企业的管理方式、商业模式等，利用先进技术，逐步实现"中国智造"。

第二节 数字化工厂：工业 4.0 的实践之路

一、数字化工厂的概念内涵与优势

数字化工厂是制造企业、服务企业及周边一系列相关企业构成的动态组织，在这个组织中，所有运营信息都实现工厂数字化。在数字化工厂信息系统的作用下，人流、资金流、物流、信息流均得到了有效控制，组织内所有成员都可以相互协作、共享资源。数字化工厂可开展定制化服务，满足消费者对产品及服务的个性化需求。在数字化工厂的信息系统中，工作流管理系统是基础，可对工厂成员内部、成员之间的各项活动进行有效协调。

（一）数字化工厂的概念

数字化工厂指的是在计算机虚拟环境下，企业利用产品全生命周期的相关数据对整个产品生产过程进行评估、仿真、优化，逐渐向整个产品生命周期拓展的一种新型的生产组织方式。数字化工厂使现代数字制造技术与计算机仿真技术实现了集成应用，有望颠覆传统制造业，推动制造业转型升级，使产品设计与产品制造实现有效沟通。

在产品的整个生命周期中，数字化工厂处在产品设计、产品制造阶段，建立了信息档案数据库，收集了海量信息，包括材料、设备运行、设备管理、生产工艺等，并利用 BIM（建筑信息模型）技术为设备的使用与维护提供了有益指导，从数据层面为标准化管理、信息化管理的实现提供了有效支持。同时，在 CAD 等应用管理系统的支持下，数字化信息可在工厂控制系统内部无障碍流通，将各个生产环节连接在一起，融入企业的经营管理活动，让管理人员及时掌握所有数字化信息，这些信息包括资金、生产效率、市场、生产能力、采购、生产装置的状态、物流等，辅助其做出科学的决策，提升决策的及时性、准确性，让企业管理与控制实现数字化、一体化。

（二）数字化工厂的主要优势

数字化工厂通过工厂布局、仿真优化、工艺规划颠覆了传统的生产理念，在制造业领域引发了一场全新的技术革命，具有诸多优势。

（1）预规划和灵活性生产。

借助数字化工厂技术，企业可以提前对工厂的布局、产品的生产能力、产品的生产水平进行规划，提升产品评估、检验的效率与质量。同时，借助数字化工厂技术，在工厂设计的过程中，各部门不再独立行事，而是相互配合、相互协调、并行处理。除此之外，在数字化工厂中，整个生产过程能最大限度与产业链上的其他节点建立连接，让整个生产过程、物流过程、管理过程更加灵活，使生产的自动化水平得以大幅提升。

（2）缩短产品研发周期。

数字化工厂构建了一个柔性化的生产过程，可在最短的时间内对市场需求变化做出响应，对新产品进行仿真设计，缩短了新产品的研发周期，让新产品可以尽快上市，以免错失良机。同时，数字化工厂还能对新产品的生产工艺、生产过程进行仿真，不仅可以让新产品生产过程更加顺利，还能切实提升产品质量，让企业占尽先发优势，获取更多利益。

（3）节约资源、降低成本、提高资金效益。

利用数字化工厂对产品进行虚拟设计，无须反复更改、生产物理模型，可最大限度地减少资源浪费，降低产品生产成本。同时，数字化工厂利用客户需求、设备状况、生产原料等数据资源进行仿真测试，可提前对生产过程进行判断，获取更多生产收益，提升资金使用效益。

（4）提升产品质量水平。

在数字化工厂中，产品设计、原材料进场、生产过程等环节都能得到严格把控，产品设计、生产过程中的各种不确定性都能得以有效消除，产品数据可实现高度统一，产品质量能够得到有效控制，产品质量水平能够实现大幅提升。

（三）数字化工厂与工业 4.0

数字化工厂隶属于智能制造，是其中一个组成部分。在智能制造模式下，传统的产品制造流程被颠覆，产品设计、生产等流程都将智能化视为最终发展目标。在智能制造实现的过程中发挥关键性作用的内容包括基于用户个性化需求的产品设计、供应商与制造商之间的信息共享、售后服务的快速响应、数字化工厂。

数字化工厂未来的发展离不开大规模定制化生产的支撑。要想实现大规模定制化生产，企业就要加强六个方面的能力建设。

（1）增强收集、分析客户需求的能力。

（2）建立社会化交互的产品研发体系。

（3）开发智能模块化的产品生产工艺。

（4）创建高度灵活的供应链管理体系。

（5）提高生产能力和设备维护能力，满足生产需求。

（6）打造智能化的库存与物流管理体系。

当然，数字化工厂的未来除了大规模定制生产，还包括能源节约。据预测，数字化工厂大约可节省 12% 的能源，能有效提升供应链的安全指数，以最精准、最专业的方式解决问题。数字化生产模式的应用范围非常广，除了消费品生产企业可以通过这种模式实现数字化转型，设备生产企业也可以通过构建数字化工厂满足客户个性化、多元化的需求，提升生产效率，降低生产成本，对产能进行优化管理。

目前，我国制造企业的数字化转型刚刚开始。在发展智能制造、构建数字化工厂的过程中，我国的制造企业要充分利用工业自动化设备。数字化工厂是在重构生产流程、供应链管理流程和数据收集、分析、决策系统的基础上建立起来的。要建立数字化工厂，就要形成统一的标准，然后在生产体系中接入自动化设备。

第一，数字化工厂要具备丰富的功能并适用于多种场景，满足大规模定制化的生产需求。

第二，数字化工厂要具备强大的信息收集能力，能够采集充足的信息，包括产品信息和操作信息。

第三，数字化工厂既要满足标准化生产需求，又要满足柔性生产需求。

第四，数字化工厂涉及的自动化设备有人性化的使用界面，维修养护费用较低，使用起来比较简单，所以很容易实现普及应用。

【案例】博世中国数字化工厂实践

作为工业 4.0 战略最重要的发起者，德国博世在践行工业 4.0 战略方面有着诸多优势，如在机械设计、软件服务、机械制造等领域，博世积累了丰富的经验；博世在全球拥有 250 家工厂，积累了丰富的制造领域的知识，成为率先发力工业 4.0 的企业之一。目前，博世的主要业务是为顾客提供集传感器、软件、硬件、服务于一体的一站式解决方案。该企业在发展过程中积极响应工业 4.0 战略，在内部推出了 100 多个试点项目。

现阶段，博世在苏州的汽车电子工厂推出的工业4.0试点项目涵盖了方方面面的内容，如物料管理、设备维护、订单安排、人员效率提升等，并取得了不错的成绩。在企业的生产区，所有原料、工位都实现了有序管理。整个生产流程以生产订单为依据实现了自动化运作，通过生产设备实现自动叫料，使用机器人进行准确定位，并自动派送物料。另外，很多设备还能根据大数据分析结果开展预知维护，在共享知识库、可视化通信系统的支持下，或可实现即时维护。

二、数字化工厂的实践路径

近几年，信息技术在工业领域实现了广泛而深入的应用，使工业大数据、工业物联网、数字化工厂、工业互联网平台成为备受企业追捧的智能制造方案。我国制造业门类齐全，涉及各行各业，且这些行业企业的数字化、智能化程度各异，需要不同的智能制造方案。为了更全面、更深刻地了解数字化工厂，我们可以将制造企业的数字化过程划分为四个阶段进行分析。

◆ 自动化生产线与生产装备

离散制造企业也好，流程加工企业也罢，都可通过在生产环节引入自动化装备，实现工厂装备自动化，从而实现智能制造。经过多年发展，很多自动化行业都与专门的自动化方案提供商达成了合作。近两年，智能机器人也走进很多企业。制造企业引入自动化装备，用机器生产代替人工劳作，使生产效率得以切实提升。对企业来说，只要其投资回收期在可接受范围内，这个自动化改造方案就能被接受。

◆ 设备联网与数据采集

智能化生产建立在信息化的基础上，而信息化的实现则需要将厂内各种设备接入互联网，对设备信息进行全面采集。设备不同，信息采集方式也不同。

有些设备有数据接口，比如机器人、PLC控制器、智能化仪器仪表，可以将设备数据直接传输到网管；有些设备没有数据接口，企业就要在其中安装传感器，对设备进行智能化改造，增强设备的通信能力，采用有线传输或无线传输的方式将数据传输到网管。

网管收到数据后会利用边缘计算对数据进行处理，或分析数据、汇总数据分析结果，或将数据存储起来，然后通过有线传输或无线传输将这些信息传输到公有或私有的云服务器，显示给用户，或进行后续分析。

设备接入互联网需达到三个层次：

（1）互联，也就是硬件接口连接。

（2）互通，也就是软件层面的数据规范。

（3）语义互操作，也就是语句的定义与规范。

互联与互通比较容易实现，语义互操作因为没有统一的标准，所以比较难实现。不过，OPCUA 等协议有望成为规范标准。

◆ 数据打通与直接应用

（1）新型 MES/ERP 软件。

除设备采集的数据，工厂生产管理软件中的数据也有很多。过去，这些数据处于分散状态，彼此之间相互隔离，没有形成有效联通，导致各级管理数据无法实现综合分析。当前，一些制造企业引入新型管理软件，对工厂内的数据进行整合，并以此为基础让信息实现高效传递，让生产实现高效管理与协同。新型管理软件的代表就是 MES/ERP，其功能集过去的 MES、ERP、CRM、OA 等于一体。很多时候，企业为工厂提供的不只是一个软件，而是一整套改造升级方案。

（2）远程运维系统。

在各种设备接入互联网之后，一些企业上线了产品远程运维解决方案，通过将物联网设备植入产品，让制造厂商可远程对产品进行运维管理、监控、升级、维护等，实时获知产品使用情况，收集产品全生命周期的信息，为产品设计、售后服务提供有效指导。具体来看，制造厂商可利用物联网对产品的很多指标进行监控，如产品分布情况、运行状态、用户活跃度等，并对行业、地区、企业的产品使用量进行统计分析，还能实现远程异常报警、授权开关机设备监测、设备故障分析等。另外，在设备接入互联网之后，制造厂商还能发展设备租赁、设备保险等业务。

（3）AR 辅助作业。

AR 眼镜可在生产人员双手都得不到解放的情况下显示信息，比如，在生产人员忙于操作、培训、检查设备、维修设备的过程中，为其提供设备图纸、设备运行数据、操作步骤、结构原理等信息，对其操作行为进行引导、辅助。除此之外，操作人员还能利用 AR 眼镜将现场图像传送给"千里之外"的专家，让专家进行远程指导。

◆ 数据智能分析与应用

（1）工业大数据。

随着大数据技术的不断出现，我国出现了一批专门应用工业大数据的企业，应用方向包括预防性维修、智能生产优化、智慧供应链、智能营销等，其中预防性维修、生产环节优化侧重的是生产环节的数据应用。

预防性维修面向的是设备使用环节，通过使用 AI 技术进行灰度建模，能够提前预测设备故障，降低停机故障的发生率，提升设备利用率，将事后维修转为事前预防，从而降低设备故障造成的损失。

生产过程优化面向的是制造过程，指的是企业以数字化监控为基础，利用大数据、人工智能算法建模，了解不同参数变化对设备运行状态的影响，根据设备运行过程中产生的数据对设备运行参数进行调整，实现智能设备故障预警，降低设备运行过程中的能源损耗，提升良品率等。

（2）数字化双胞胎。

数字化双胞胎指的是应用方针对真实的产品、设备、工厂，用数字化的方式创建虚拟模型，对其在现实情境中的行为进行模拟，创建仿真数字化模型，将整个企业在数字世界中完整地呈现出来，让企业可以在投入生产之前就在虚拟环境中进行仿真、测试，然后在生产过程中对整个流程进行同步优化。具体来看，数字化双胞胎包括产品数字化双胞胎、生产工艺流程数字化双胞胎、设备数字化双胞胎。产品研发企业在实现了工厂数字化之后，可利用数字化双胞胎迈向更高阶段的智能化。

上述四个阶段不是孤立存在的，也不是环环相扣的，彼此之间的边界比较模糊，很多应用方案可能涉及其中多个阶段。工厂数字化改造不一定先引入自动化装备。很多时候，工厂需要的数字化改造方案会跨越多个阶段，但供应商不同，其业务侧重点和覆盖范围也不同。很多供应商推出的方案都涉及多个阶段，但它们会根据自身能力与所掌握的技术将重心放在其中某一个阶段。当然，也有企业声称自己可以提供完整的工厂数字化、智能化改造方案。

第三节　数字化工厂建设面临的主要挑战

♦ 挑战一：缺乏整体性的战略规划

很多项目因缺乏整体的战略规划无法明确数字化的具体需求，也不清楚自己当前的数字化水平，无法对二者之间的差距做出科学判断，不知道需要强化哪些方面的能力。

我国企业的数字化工厂建设通常会从技术、设备两个层面考虑，在建设过程中鼓励内部工程师、专业人士与外部供应商达成合作，整合各类解决方案，对特定的生产环节进行跟踪，让其实现自动化。这种方法虽然有效，但无法从根本上解决"为何建设数字化工厂"的问题。

所以，为了做好数字化工厂建设，企业应自上而下，从企业战略、产品设计、运营模式等方面逐层考虑，根据自身发展需求与发展目标选择合适的路径，引入合适的技术，而不是一味地追求世界先进技术。比如，海尔的互联工厂战略既与企业大规模定制的发展方向相契合，又让企业在模块化、数字化方面积累的丰富经验有了用武之地，从而让企业以互联工厂为核心构建了一个完善的生态体系。

◆挑战二：无法走出效益的狭义误区

离散制造等行业中的企业能否实现数字化、自动化，其数字化、自动化能发展到何种程度，主要取决于企业现有的基础设施、生产流程和生产的产品类型。这些企业要想提升数字化或自动化水平，就要积累丰富的技术。就成本效益来说，企业一旦决定建设数字化工厂就要投入巨额资金，而且需要很长一段时间才能获得投资回报。所以，如果企业只考虑投资回报，就会对是否开展数字化工厂项目犹豫不决。

当前，可持续发展深入人心，劳动力红利逐渐消失，生产安全问题引发了全社会的高度重视。在此情况下，可以实现节能减排、人机交互、远程控制的数字化工厂显然更适应社会发展需求，能产生更多社会效益。

为更全面、更准确地评估数字化工厂的效益，企业可引入一些定量指标，如生产效率、质量控制、单人产出、生产周期、生产能耗等。除此之外，还有一些定性指标可以对企业的评估产生辅助作用，如减少人工作业、调动员工工作的积极性等。

不同的行业和企业要选择不同的指标对数字化工厂的效益进行评价。除一些通用的指标，如生产效率、生产周期、良品率等，一些纺织企业在评价数字化工厂效益时还会选用其他的指标，如换产时间、用工人数等，机械生产企业则会另外增加物流效率、生产误操作等指标。

◆挑战三：没有对技术进行全盘考虑

我国制造企业的自动化、数字化开始于最近几年。不同行业企业的自动化程度不同，选择实现自动化的技术路径也大不相同。有时，即便是相同行业的企业，在这两个方面也存在极大的差异。数字化工厂建设需要获取产品全生命周期的数据，但因为数据分散，难以制定统一标准。

我国很多传统企业都希望一步迈进数字化工厂时代，但实际上，工厂内的设备老旧，难以获取、阐述生产数据，导致工厂自动化、数字化进程缓慢。面对这种情况，信息管理工具安灯系统等的应用能够为企业的人工作业提供有效补充，并被有效整合进工厂自动化系统。

同时，在数字化工厂建设过程中，我国企业非常关注单体设备的自动化率，未将整个生产体系视为一个整体，且需对内部 ERP（企业资源计划）、MES（制造执行系统）、PLM（产品生命周期管理）等系统进一步整合，实现不同工厂间的互联。所以，为了做好数字化工厂建设，企业要根据自己的实际情况制定战略路线图，分阶段地推进各种技术转型，降低数字化风险，以免自己原有的业务受到不良影响。

◆挑战四：人才仍是"瓶颈"

传统工厂实现数字化、自动化转型之后，能够大幅减少人工重复作业，有效改善工作环境，更好地保障员工的生命安全。如果传统制造业能紧抓这一机遇改善自身形象、优化工作环境、实现转型升级，就能吸引更多高技能、高素质的综合型人才。

在数字化工厂中，传统的掌握单一技能的人才逐渐无法满足一体化生产流程的运营需求。企业急需掌握多领域的知识和技能，拥有更强的学习能力，培养能够进行数字化交付的复合型人才。

为做好人才培养工作，我国制造业企业可以学习国外企业的做法，将课堂教育与实际工作过程相结合开办职业教育，开展数字化工厂培训项目，实现产学合作。比如，某机床企业与当地的工科院校联手开展产教融合，实现了资源互补。在合作期间，企业为学校提供资金、实践场地；学校为企业提供数字化工厂建设需要的专业人才。

除创新教育机制外，要想培养数字化工厂建设的相关人才，还要对职业培训课程进行调整，构建标准化的课程培训体系，加大商业、工程、自然科学等领域的人才培养力度，培养掌握数据分析、IT架构、项目管理、信息安全等多领域知识的数字化工程师。

最后，传统企业要构建数字化工厂，就要实现多部门间的配合。在这个过程中，为了对各个部门进行有效调度，决策者必须对数字化有深刻认知、独到见解，为数字化战略的制定提供有益指导，引导企业顺利完成数字化转型，做好数字化工厂建设。

第四节　数字化工厂在制造领域的应用

数字化工厂是企业在应用持续发展的信息技术的过程中所创造的一种全新的组织形式，可推动企业实现现代化。现阶段，数字化工厂在制造领域的应用比较有限，只在汽车制造、航空航天等大型制造企业有所应用。

一、数字化工厂技术在汽车行业的应用

当前，国内外的汽车制造企业都引入了数字化工厂技术。在国外，通用汽车公司引入 Tecnomatix eMPower 解决方案，大幅缩短了新品研发、生产、上市的周期，并提升了产品质量。奥迪公司引入 eM-Plant 对物流进行仿真，进一步增强了整个生产物流供应链之间的联系，并能提前对物流方案的可行性进行分析、评估。

在国内，一汽大众用数字化工厂技术对车身主拼线工艺设计做了改造，优化了车身焊接工艺，使车身焊接质量有了大幅提升。另外，上海大众将数字化工厂技术引入发动机设计与产品总装领域，不仅实现了制造技术升级，还使产品质量得以大幅提升。除此之外，华晨金杯从西门子引进了 Tecnomatix 软件，使产品总装过程实现了数字化。

二、数字化工厂技术在飞机制造业的应用

数字化工厂技术在飞机制造业也有非常广泛的应用。比如，美国的洛克希德马丁公司将数字化工厂技术用于 F35 的研发，不仅使产品研发周期缩短了 2/3，还使产品研发成本降低了 50%，推动飞机制造业迈进数字化制造阶段。再如，波音 787 飞机的研制就采用了数字化工厂技术，先以虚拟样机的形式发布产品，然后再组织生产。空客 A380 飞机的组装使用了虚拟的装配方案，实现了三维虚拟装配仿真与验证。

我国的飞机制造也引入了数字化工厂技术，比如，上海飞机制造引入数字化工程技术，在三维环境下对人工装配飞机的过程进行数字化模拟，使人工操作更加标准。西安航空动力控制公司使用数字化工厂软件对异型件生产线进行仿真优化，探索技术改造方案。

三、数字化工厂在铸造行业的探索

宁夏共享铸钢集团推出"数字化工厂示范工程"，计划采用智能制造、虚拟制造、柔性制造、绿色制造等先进的制造理念，结合先进的铸造技术与方法，辅之以先进的信息技术，打造数字化铸造工厂。该工厂将涵盖数字化柔性造型生产线、智能化熔炼控制系统、数字化在线监测系统、智能体联合控制的铸件精整线、数字化模样生产线等，推出行业领先的多品种、小批量、快捷铸造工艺，成为行业领先的铸造工厂。该工厂将具备数字化、柔性化、高效、绿色的特点，颠覆了传统的铸造模式，创造了一种新的数字化铸造模式。

随着计算机技术、网络技术的迅猛发展，数字化工厂技术在现代企业中的应用范围越来越广，逐渐成为企业提升竞争力的关键。就目前的形势而言，未来数字化工厂技术将朝着三个方向发展：

（1）数字化工厂将引入现场总线技术，使现场可操作水平得以切实提升。

（2）数字化工厂将引入网络技术，使网络互联能力持续提升。

（3）数字化工厂将实现智能化发展，实现虚拟仿真与企业生产之间的无缝衔接，最终完成智能数字化工厂的构建。

四、我国制造业的数字化转型思路

我们必须认识到：数字化不是万能的，无法解决所有问题，而且数字化也不是企业最终发展的目标。数字化只是一种运营工具，只不过其服务层级更高了而已。面向数字化转型，不同行业的企业都要明确自己的本质需求：

（1）数字化转型需要解决什么核心问题？

（2）企业究竟应该先实现自动化,再实现数字化,还是自动化与数字化同步发展？

（3）企业的核心问题是提升产能,还是满足多品种、小批量生产需求？

问题不同,所需解决思路与方式也不同。现阶段,我国的制造业需要转型,向产业链上游拓展,提升服务质量与价值。从企业的角度来看,数字化转型没有固定的模式,企业要根据自己的实际情况探索合适的路径。

自改革开放以来,我国制造业迅猛发展。在很多行业,工厂的生产水平与产能都达到了世界领先水平。比如,在汽车领域,我国的汽车产量与销量都位列世界第一,汽车工厂的数字化程度、经营方式与欧美等发达国家没有太大差距。再如,在电子行业,北亚地区的电子产业非常发达,中国、日本、韩国等国电子产品的生产方式可奉为圭臬。在我国,某些电子产品的组织方式与产业规模都是其他国家无法企及的,这就表示,我国制造业有能力、有潜力提升自己的技术水平,而且极有可能创造出一种备受推崇的新模式,被其他国家和地区复制应用。

在制造业数字化转型升级的过程中,制造企业需要与互联网企业建立紧密的合作关系,保持密切合作。其原因在于,大部分互联网企业都没有从事制造生产的经历,缺乏这方面的经验,而网络基础平台建设与运营又是制造企业的短板,而这也正是双方可以建立合作的基础。

第五节 构建精益的数字化生产系统

一、智能工厂建设的体系架构

随着层出不穷的新技术不断被引入,制造业再度成为欧美等发达国家的关注重点,德国、美国相继推出"工业4.0"战略、"先进制造业战略"等战略规划,带动全球无数优秀的制造企业加入智能工厂建设的队伍中来。

对于智能制造来说,智能生产是主线,而企业要想实现智能生产,就必须发挥智能工厂的载体作用。未来,我国企业要积极引进人工智能技术,主动参与到新一代智能工厂的建设中来,通过智能工厂实现自学习、自适应、自控制。

随着新一代人工智能技术与先进制造技术的不断融合,传统的工厂、生产车间、生产线将被彻底颠覆,制造业的生产效率、生产质量、竞争力将从根本上得以提升。在此之后很长一段时间内,智能制造的推进都要依赖于工厂、生产车间、生产线的智能升级。

智能制造的实现要以智能工厂为载体。在具体建设过程中，企业要想让整个生产过程实现智能化，首先要建设智能化的生产系统，让生产设施实现网络化分布，进而打造一个智能化的生产过程。智能工厂具备自主能力，能够自行完成采集、分析、判断、规划任务。在整体可视技术的支持下，智能工厂可进行推理预测，借仿真技术与多媒体扩增实境，将设计、制造过程全面展示出来。智能工厂内部系统的各部分可自行组合，让系统结构达到最优，具备协调、重组、扩充等特性和自我学习、自我维护等能力。由此可见，智能工厂让人机交互变成了现实。

"人机料法环"是全面质量管理理论中对产品质量有所影响的五个要素的简称，其中"人"指的是生产人员，"机"指的是制造设备，"料"指的是原材料，"法"指的是生产工艺，"环"指的是生产环境。智能生产要以智能工厂为核心，将这五大要素联结在一起，从多个层面将这五大要素融合起来。

在智能工厂的结构体系中，人、机器、资源是可以相互流通的，这使五大质量管理要素发生了一定的变化。智能产品"知晓"生产细节，甚至"明白"产品的最终用途，所以可以自行安排制造流程，确定生产时间、生产工艺、生产参数及最终传送的目的地。

企业利用 CPS 和工业互联网建造的智能工厂涵盖了五大内容，分别是物理层、信息层、大数据层、工业云层、决策层。具体而言：

物理层汇聚了不同层级的物理设备，小到嵌入设备，大到基础元器件、感知设备、制造设备，甚至是制造单元、生产线，这些设备相互之间可以交互沟通，在此基础上形成一个"可测可控、可产可管"的纵向集成环境。

信息层覆盖了企业多个业务环节，如研发设计环节、生活制造环节、营销服务环节、物流配送环节等，使企业由此衍生出很多业务，如众创、电商、可视化追踪、个性化定制等业务。以此为基础，企业能够建立一个可实现数据交流互换的横向集成环境。

纵向集成环境也好，横向集成环境也罢，都是在 CPS 和工业互联网的基础上形成的。在数据应用及工业云服务的支持下，产品、设备、生产线、生产车间、生产工厂、销售单元等系统之间可以相互联通，还能和其他环节的业务实现集成处理。

物理层、信息层、大数据层、工业云层再加上可以对企业最高决策产生支撑作用的决策层，共同构建起一个完整的价值网络体系，让用户可以享受到端到端的智能解决方案。

离散制造业和流程制造业在产品制造过程与制造工艺上存在显著差异，所以这两类制造业在智能工厂建设过程中侧重的方面也有所区别。离散制造业在产品制造上，需要用一系列不连续的工序对多个零部件进行组装。整个过程存在很多不确定因素，生产组织难度、配套复杂性较高。为了缩短物料传输距离，企业经常根据主要的工艺流程对生产设备的位置进行优化安排。

离散型制造企业经常承接各种订单，且每笔订单的量都不大，生产流程、生产设备的组织安排都比较灵活。所以，离散型制造企业更注重生产过程的柔性化，在智能工厂建设中，将重点放在了智能制造生产线的建设方面。

二、实现生产过程的全面数字化

（一）从智能制造生产单元到智能工厂

这种模式多见于机械、汽车、航空、船舶、轻工、家用电器和电子信息等离散制造企业中。这类企业发展智能制造的原动力是拓展产品的价值空间，先实现单台设备或单个产品的智能化，再通过提升生产效率和产品效能实现增值。其建设模式为：

（1）实现生产线的智能化，引进一系列先进的智能装备，在应用CPS系统的基础上建立车间级智能生产单元，提高制造的精准性、敏捷性。

（2）针对用户对智能化产品的需求开发增值服务。比如，将CPS系统和产品智能模块相连接，为用户提供远程产品运行状态实时监测及软件更新等服务。

（3）整合车间级系统和企业级系统，使生产制造和经营管理能够无缝对接，引导产业链上下游的企业进行资源共享，通过协同创新为用户创造更多的价值。

（4）在智能工厂的加持下开展制造服务化转型，提高企业的市场竞争力和盈利能力。

广州数控设备有限公司先借助实现了"控管一体化"的工业以太网，将单元级传感器、数控机床、工业机器人、机械设备等与车间级柔性生产线总控制台整合，然后通过以太网将总控台和管理级服务器整合，接着利用互联网将产业链上下游企业的管理系统整合，使产品全生命周期的数据实时采集、分析、应用及共享成为可能，为自身拓展基于大数据的远程设备诊断等增值服务奠定了坚实的基础。

总装车间直接决定了装备质量，其运行对人机协同交互提出了较高的要求。18号厂房作为三一重工的总装车间已经开始向智能工厂转型。由于18号厂房内同时存在港口机械、路面机械、混凝土机械等多种装备线，如果按照传统的流程化生产线模式采用直线布置，会造成占地面积过大、运行成本较高等问题。对此，三一重工在18号厂房内部为不同种类的装配线建立了相对独立的"部件工作中心岛"，各生产部件都有自己的专属区域。

在智能系统研发方面，三一重工走在了前列。目前，该企业已经开发出了车间智能监控网络和刀具管理系统，计划、物流、质量管控系统，公共制造资源定位和物流跟踪管理系统，以及生产控制中心（PCC）中央控制系统等。

在智能装置研发方面，三一重工采用了和其他企业联合开发的方式，目前已经研发出了制造执行系统（MES）、物流执行系统（LES）、高级计划排程系统（APS）、在线质量检测系统（SPC）、智能上下料机械手、生产控制中心管理决策系统、智能化立体仓库和 AGV 运输软硬件系统、基于 DNC 系统的车间设备智能监控网络、基于 RFID 设备及无线传感网络的物料和资源跟踪定位系统等，确保了三一重工能够对整个生产流程进行追踪，进而降低次品，进一步巩固自己在工程机械领域的霸主地位。

（二）从个性化定制到互联工厂

与以企业级客户为主的设备制造不同的是，消费品制造面向的群体是广大消费者，产品单价较低，单个产品利润有限，需要扩大规模来降低成本、提高利润，同时，面对个性化的大众需求，企业需要通过开展大规模个性定制模式进行创新，在满足用户需求和追求企业盈利之间达到某种平衡。所以，消费品制造工厂采用了以下智能工厂建设模式：

（1）建立柔性生产线，通过互联网平台和用户无缝对接，获取用户的个性需求及反馈建议，根据用户画像进行个性定制生产。

（2）发展虚拟化设计，整合设计、生产、物流、服务等环节的数据，对流程进行持续优化。

（3）建立产业链上下游企业共同参与的制造协同网络，打破传统的垂直组织模式，利用开放性的综合制造平台与合作伙伴发展"远程定制＋异地设计＋当地生产"的全新制造模式。

（三）智能工厂建设的重点环节

对于智能生产来说，将人机互动、3D 打印等新技术引入整个生产过程是重点。此外，企业还要对整个生产流程进行监控，进行数据采集和分析，在此基础上打造一个灵活、高效、个性化、网络化的产业链。

（四)3D 打印

3D 打印技术是一种快速成型技术，具有极大的颠覆作用，被美国自然科学基金会誉为"20 世纪最重要的制造技术创新"。3D 打印技术可用于制造业的各个流程，帮助企业节约成本、提升效率、减少浪费。

在设计环节，因为该技术可以生产任何形状的产品，所以设计师在设计产品时无须考虑产品形状的复杂度，只需做好产品形态与功能方面的创意、创新，便可利用该技术拓展创意空间。

在生产环节，工作者可以利用该技术将产品直接从数字化模型转变为零部件，不需要再制造模具，在节省时间成本和金钱成本的同时，还能缩短产品生产周期，让产品尽快上市。除此之外，在传统制造工艺下，铸造、抛光、组装等环节经常产生废料，

3D 打印制造则不会，基本上可以一次成型，实现零废料。

在分销环节，利用该技术将彻底颠覆现有的物流分销网络。未来，企业无须从原厂采购零部件，再将零部件运回，而是可以直接在制造商的线上数据库下载 3D 打印模型文件，然后用 3D 打印技术将需要的零部件快速打印出来。届时，零部件仓储与配送体系将失去原有的作用。

迄今为止，3D 打印技术已有 40 多年的发展历史，有些使用该技术的头部企业已经开始盈利，获得的市场认可度节节攀升，带动了行业收入的迅速增长。根据产品生命周期理论，从导入期到成长期，技术产品往往会实现加速增长。由此可以判断，当前的 3D 打印产业将进入加速发展阶段。

从整体上来看，3D 打印行业的产业链可分为三个部分：上游是基础配件行业，中间是 3D 打印设备及材料生产企业、支持配套企业，下游是 3D 打印的各大应用领域。一般来说，3D 打印行业指的是 3D 打印设备、材料及服务企业。

目前，3D 打印行业的产业链业已形成，且每个环节都汇聚了一批领先企业。放眼全球，在整个产业链中，Stratasys、3D、Systems 等设备企业占据了主导地位。这些企业的主要业务就是提供材料和打印服务。

◆ 人机交互

未来，各种交互方式都将实现深度融合。面对一个事件或一项指令，智能设备的应对和处理方式，包括思维、动觉，甚至是文化偏好等将与人类保持一致。由此可见，这个领域拥有很大的发展潜力。

随着各种技术的快速融合，人机交互的层次越来越高，促使各种新型的人机交互方式逐渐在生产制造领域得以应用，这种应用主要表现在两个方面：一是智能交互设备的柔性化应用；二是智能交互设备在工业领域的应用。在整个生产过程中，智能制造系统可独立分析、判断与决策，将人在制造系统中的地位凸显出来。同时，借助工业机器人、无轨 AGV 等智能设备，人可以充分发挥自身的潜力。在这个过程中，机器智能与人的智能将实现有效集成，二者相互配合，共同促进人机一体化的实现。

◆ 传感器

自 1986 年至今，我国传感器行业经过 30 多年的发展，已基本形成完整的产业链结构，在材料、系统、器件、网络等方面的发展水平也不断提升，行业所拥有的自主产品达到了 6000 多种。

在传感器生产方面，我国建立了三大生产基地，分别是安徽基地、陕西基地和黑龙江基地。为了加快我国传感器产业的发展，政府提出了一系列指导方针，致力于推动我国的传感器产品实现智能化发展。

◆ 工业软件

智能工厂建设的很多方面都要用到工业软件。工业软件包含两种类型，一种是基础软件，另一种是应用软件，其中，系统、中间件、嵌入式属于基础范畴，与特定的工业管理流程和工艺流程没有太大关系，所以下面提到的工业软件特指应用软件，包括运营管理类应用软件、生产管理类应用软件、研发设计类应用软件等。

受"中国制造2025"的影响，我国工业企业在积极转变发展模式，加快"两化融合"。在此形势下，工业软件及信息化服务的需求将不断增长，我国则持续作为拉动全球工业软件市场增长的主力活跃在世界舞台上。

根据中国产业信息披露的数据，2016年全球工业软件市场的规模为3531亿美元，中国工业软件市场的规模为1235亿元，在全球市场中的占比达35%。在国内工业软件领域中，CAD、CAE、CAM、CAPP等产品研发类工业软件的占比达8.3%，ERP、CRM、HRM等信息管理类工业软件的占比达15.5%，MES、PCS、PLC等生产控制类工业软件的占比达13.2%，其余的都是嵌入式软件，占比达63%。

从分布区域来看，我国工业软件应用最多的区域是华北、华东，这两个地区在全国工业软件应用中的占比超过了一半。具体到各省市来看，北京、上海、广东、江苏的实力最强，这四个城市的工业软件的市场规模在全国工业软件市场规模中的占比超过一半。

通过制造执行系统（MES）、先进生产排程（APS）、产品生命周期管理（PLM）、企业资源计划（ERP）、质量管理等工业软件的广泛应用，企业可构建一个可视化、透明化的生产现场。企业在建造工厂时可引入数字化工厂仿真软件，对工厂物流、设备与生产线布局、人机工程等进行仿真，使工厂结构更加合理。

在数字化转型过程中，企业必须保证工厂数据、设备、自动化系统的安全。在产品生产过程中，如果出现产品质量问题，企业不仅要将次品与合格品分流，还要通过SPC（统计过程控制）等软件找到产品质量问题的原因。

◆ 云制造

云制造指的是制造企业将信息技术、制造技术、互联网技术相融合，将工厂产能、生产工艺等数据汇聚到云平台，让制造商可以在云端对数据进行分析，据此对客户关系进行有效管理，从而提升企业效能的一种制造方式。

在云制造之前，制造业经过了三个发展阶段，分别是传统制造、智能制造和智慧制造。在云制造方面，我国已经取得了不错的成果。比如，航天科工集团开发了一个面向航天产品的集团企业云制造服务平台，对集团下属院所的制造资源和能力做了整合；中车集团开发了一个面向轨道交通装备的集团企业云制造服务平台，将轨道车辆、工程机械、机电设备、电子设备及相关部件的研发、设计、制造、修理、服务等环节进行了联结。除此之外，装备制造、箱包鞋帽等领域也出现了面向中小企业的云制造平台。

作为一个新生概念，云制造为制造业信息化注入了一种全新的理念与模式，拥有巨大的发展空间，同时也面临极大的挑战。在未来的发展过程中，云制造不仅要对云计算、高性能计算、物联网、语义 Web、嵌入式系统等技术进行集成应用，还要攻克很多技术难题，如制造资源云端化、云制造应用协同、制造云管理引擎、云制造可视化与用户界面等。

智能工厂建设可有效推动制造企业转型升级。企业要以自身的中长期发展战略为核心，结合产品、工艺、设备、订单的特点进行合理规划，以规范化、标准化为基本原则，从最紧要的问题着手，全面推进智能工厂建设。

（五）智能工厂的五大产业链

与固定程序操作不同的是，智能工厂中的设备可实现自我优化、自主决策。下面，我们从传感器、工业以太网、工业软件、工业机器人、智能物流五大产业链对智能工厂的构建进行分析。

◆ 传感器

当前，传感器行业进入了转型期，其发展正在从传统型传感器向新型传感器转变。相较于传统传感器，新型传感器具有微型化、数字化、智能化、系统化、网络化、多功能化的特点，不仅能促进传统企业改造，还能为新型工业的建立提供支持，被视为新的经济增长点。

从本质上来看，"工业4.0"战略也好，"中国制造2025"也罢，都是从传统生产模式向智能化生产演变，在这个过程中，传感器发挥着重要作用。因为智能制造是实施"工业4.0"战略与"中国制造2025"的核心，国家在实现网络化、数字化之前都要先实现智能化，而智能化的实现又在很大程度上依赖于传感器的应用。

传感器产业的价值已得到了全世界的肯定，该产业凭借超高的技术含量、强大的渗透能力、广阔的发展前景、极好的经济效益吸引了世界各国的关注。2007年至今，我国传感器行业迅猛发展，佳绩频出，行业总产值持续增长，在 GDP 中的占比达到了 0.1%~0.15%。另外，为了支持传感器行业更好地发展，政府颁发了一系列利好政策，为我国传感器行业的发展拓展了空间。

◆ 工业以太网

作为一种高效的局域网，工业以太网自诞生之日起就被用来传输数据、控制生产设备，是现代工业自动化生产体系的重要组成部分，也是工厂信息化变革的基础。所以，智能工厂建设离不开工业以太网。

在智能工厂建设过程中，可实现相互联通、实时控制、节能、安全的工业以太网发挥着核心技术的作用。具体来看，工业以太网的建设涉及利用 M2M 协议让生产设备与互联网对接、让所有设备实现自律协调作业、通过互联网获取大数据并进行数据应用、协同业务管理系统与实际生产过程等。

智能工厂建设有四个关键点：第一，与所有网络对接从而获取数据；第二，引入智能机器；第三，在连接了设备、人之后，将所有数据传输到智能终端；第四，通过数据分析获取有价值的信息，提升设备状态的检测与预测水平。在这四个关键点实现的过程中，实时性、安全性、节能非常重要，借助工业以太网，企业实现这三点的难度并不高。

◆ 工业软件

工业软件的产品创新要以智能工厂建设为主线。在机器层面，智能工厂要提升设备的智能化水平，改善设备性能，提升设备生产效率；在车间层面，智能工厂要加强机器之间的通信协作，让生产线可以更好地协同；在工厂层面，智能工厂要对生产线、生产车间等资源进行优化配置，让生产能力、市场需求、供应链三者之间实现动态匹配。

◆ 工业机器人

近年来，国家提出了很多新兴产业发展战略，稳步推进信息化与工业化的融合发展，使智能制造装备行业获得了广泛关注。随着人工成本持续增长，企业提升产品性能的内在需求不断增加，面临的转型压力越来越大。作为智能制造领域的代表产品，工业机器人在制造业转型过程中发挥着至关重要的作用。

作为一种高科技装备，工业机器人在国防军事、资源开发、智能制造等领域都有着广泛的应用，可推动这些产业及工业机器人产业更好地发展。目前，工程机械等中低端市场的规模迅速扩大，石化、粮食、建材、化肥、饲料等行业的市场需求也不断增长。同时，家电、轨道交通、船舶等行业通过拓展下游应用服务，开拓传统市场，将和上述行业一同成为工业机器人最主要的应用领域。除此之外，光伏产业、动力电池制造业、食品工业、化纤、玻璃纤维、五金打磨、冶金浇铸、医药等行业都将引入工业机器人，扩大工业机器人的应用范围。

◆ 智能物流

根据《2016~2020 年中国智能工厂深度调研及投资前景预测报告》，智能物流是工业 4.0 的核心，可从根本上降低社会仓储物流成本。在智能工厂中，智能物流仓储处于后端，实现了制造端和客户端之间的连接。

我国仓储成本在单位 GDP 中的占比要比美国、日本等发达国家高出 2~3 倍，且近年来，这一差值仍在持续扩大。在这种情况下，可降低劳动力成本、租金成本，提升管理效率的智能物流仓储就为这一问题提供了有效的解决方案。据估算，在存储能力不变的情况下，自动化仓储可使土地节约 70% 以上，使劳动力节约 80% 以上。

受多种因素的影响，很多领域都在用智能物流设备代替传统的人工劳动，以谋求转型升级，物流行业也不例外。随着需求的不断增多，智能化物流装备实现了高速发展。虽然在短期内引入智能化物流装备会增加企业的资金负担，但从长远来看，引入智能化物流装备可在很大程度上节约人力成本，提升企业运作效率，持续不断地为企业带来收益。

未来，智能工厂的智能化程度、灵活度将不断提升，各生产环节将实现无缝衔接，给工厂的生产规划、产品开发、物流运作、企业资源规划、执行系统制造、控制技术应用、各种传感器和执行器的应用带来较大的影响。智能工厂的机器与设备将具备较强的自我优化与决策能力，呈现出与现在的固定程序操作完全不同的运行模式。

第九章 传统制造业数字化转型的促进政策

数字经济是继农业经济、工业经济之后新的经济形态，它以数据资源为重要生产要素，以数字化转型为重要推动力。习近平总书记指出，要坚持以供给侧结构性改革为主线，加快数字经济发展，推动互联网、大数据、人工智能同实体经济深度融合。

我国传统制造业规模庞大，其数字化转型是数字经济发展的重要组成部分。近年来，以互联网、物联网、大数据、云计算、人工智能为代表的数字技术加速与传统制造业相融合，成为后者转型升级的主要路径，已经取得了一定成效。但是，数据安全问题亟待解决、信息基础设施建设有待加强、核心技术受制于人等问题仍然存在，需要在政策层面加以支持和引导。

第一节 传统制造业数字化转型的内涵

我国传统制造业企业处于不同发展阶段，其数字化转型既包括处于较低发展阶段的企业提高数字化水平，也包括处于较高发展阶段的企业通过转型升级实现数字化、网络化、智能化。

（一）制造业已经成为数据经济发展的重点领域

加拿大学者泰普斯科特在 1996 年出版的《数据时代的经济学》中提出了数字经济概念，以及企业数字化转型的路线图。此后，卡斯特的《信息时代三部曲：经济、社会与文化》、尼葛洛庞帝的《数字化生存》等一系列著作问世，数字经济概念被学术界、产业界广泛应用。

随着研究与实践，数字经济的内涵和外延不断丰富。2016 年 9 月，二十国集团（G20）杭州峰会公布的《数字经济发展与合作倡议》中，把数字经济定义为"以使用数字化的知识和信息作为关键生产要素、以现代信息网络作为重要载体、以信息通信技术的有效使用作为效率提升和经济结构优化的重要推动力的一系列经济活动"。

越来越多的国家把发展数字经济作为推动本国经济增长的重要途径。其中，促进新一代信息技术和制造业深度融合，大力发展先进制造和智能制造，在各国数字经济发展战略中占有重要地位。

（二）美国工业互联网与德国工业 4.0 是典型代表

为迎接新工业革命带来的发展机遇，发达国家纷纷出台制造业数字化转型战略，如德国的"工业 4.0"，美国的"先进制造业伙伴计划"，英国的"英国制造 2025"。

2012 年，美国通用电气（GE）发表白皮书，提出了"工业互联网"概念，希望通过工业设备与信息技术相融合，组合高性能设备、低成本传感器、互联网、大数据收集及分析技术等要素，大幅提高现有产业的效率并创造新产业。经工业互联网联盟（HC）推广，工业互联网迅速在各国得到广泛应用。工业互联网的本质是利用信息物理系统（CPS），结合人工智能、云计算、数字孪生等技术，将设备、产品、管理等信息与人有机结合起来，通过收集大量数据并进行数据挖掘、分析和展现，实现研发、生产、售后服务等环节的智能化，智能工厂、远程运维等模式应运而生。

德国学者把工业化进程划分为四个阶段，即工业 1.0 机械化、工业 2.0 自动化（电气化）、工业 3.0 信息化（数字化），在此基础上，利用信息物理系统（CPS）实现研发、设计、供应、制造、销售等各环节智能化，即工业 4.0。工业 4.0 通过信息物理系统（CPS），将无处不在的传感器、嵌入式终端系统、智能控制系统组成智能网络，实现人与人、人与机器、机器与机器之间的互联，进而实现快速、有效、个性化的产品供应与服务提供。2010 年 7 月，德国政府发布《德国 2020 高技术战略》，将工业 4.0 作为该战略的重心。

尽管美国工业互联网更强调转型升级路径，德国工业 4.0 更强调发展形态，但两者均是将现代信息技术深度运用于制造业，最终达到促进生产、提高效率、优化资源的目的。

（三）传统制造业数字化转型目标是进入数字经济发展形态

数字经济、工业 4.0、工业互联网的概念相对明确，但数字化转型的概念并不明确，其含义至少有两种：一是实现信息化（数字化）。强调的是将制造业每天产生的大量其他形式的数据转化成数字形式，以及在此基础上的简单应用，对标的是德国工业 3.0。信息化（数字化）可以提高企业运行效率和反应灵敏度，但主要应用模式为单机使用，数据汇集及利用不够。二是在实现信息化（数字化）的基础上，完成向数字经济形态的转型，企业智能化程度大幅提高，逐步实现自感知、自学习、自决策、自执行、自适应，运行效率显著提升，对标的是德国工业 4.0。

对于美国、德国等发达国家来说，由于制造业基础较好、数字化水平较高，其数字化转型的重点是网络化、智能化，如德国发展工业 4.0、美国推进工业互联网等。

但是，我国制造业企业处于不同的发展阶段，尤其是传统制造业大部分处于工业

2.0 阶段，还需要"补课"。传统制造业数字化转型，既包括尚处于工业 2.0 阶段的企业，甚至处于工业 1.0 阶段的企业，通过信息化（数字化）改造实现工业 3.0，提高整体数字化水平，如企业内部管理和生产的数字化、营销和售后服务的数字化；也包括少数已经达到工业 3.0 阶段的企业，将大数据、人工智能等技术深度应用于供应、制造、销售、服务等环节，实现工业 4.0，即进入网络化、智能化发展阶段。

第二节　传统产业数字化转型的重要性和可行性

中国被誉为"世界工厂"，制造业规模庞大，体系完备，但大而不强，发展形势严峻。尤其对于传统制造业来说，自主创新能力不强，生产管理效率较低。不少企业处于机械化和电气化阶段，甚至还有手工作坊。随着各项成本的持续提高，我国制造业的竞争优势逐步下降。只有不断提高产品品质和生产运营效率，重塑竞争力，企业才能生存、发展、壮大。数字化转型正是提高产品质量和生产、管理效率的重要途径，而且所需外部条件已基本具备。

（一）数字化转型将给传统制造业带来效率的颠覆性变革

数字信息便于高效采集，可以通过信息网络快速传输，从而进行实时处理和应用，消除各环节的信息不对称，准确性大幅提高，节奏大大加快，由此带来研发、制造、管理、服务能力的根本变化。完成数字化转型，除了能够提升质量、提高效率、降低成本、快速响应以外，还可以实现与客户共同建立持续创新能力、满足用户大规模个性化需求等目标。

数字化转型将改变传统制造业的研发流程，研发模式注重从技术角度开发新产品，然后投放市场，此前很少与消费者沟通交流，属于生产引导消费。由于事前不清楚消费者的需求和接受度，失败风险比较高。借助数字化创新平台，消费者与研发人员之间的交流障碍被打破，大量消费需求信息可以低成本、及时地提供给研发部门，企业就有机会围绕消费者需求开发新产品，实现消费引导生产，市场风险大大降低。而新产品上市后，通过消费者的评价、建议再研发，可以快速迭代推出下一代产品，从而大大提高研发效率。

基于数字技术，对生产过程中产生的大量数据进行分析，可以优化生产流程参数，制造设备通过感知、分析、交互、优化，可以提高运行效率和产品质量。基于数字技术，企业能够更早地发现制造过程中出现的问题，甚至对可能出现的问题进行预判，确保生产稳定。机器的所有动作都会产生数据，通过异常数据发现机器可能发生的故障，可以提前示警并预先防护，减少突发事件导致的损失。

借助数据泛在连接、实时在线和自动分析，管理者可以迅速掌握情况，实现快速反应、及时决策，提高管理效率。而在售后领域应用互联网、物联网、大数据等技术，也将能提供类似的便捷、高效服务。

数字化供应链突破了时空限制，制造商、供应商、集成商、物流商等企业利用数字技术进行交互，将大大提高速度和准确性，提升配合效率。材料、零部件供应商等还可以提前介入下游企业的研发、中试等环节，形成协同开发的格局。

（二）传统制造业数字化转型已经具备较好的外部条件

传统制造业创新能力不强，其数字化转型需要外部环境支撑。近年来，数字化技术不断进步、不断成熟且成本持续下降，数字化转型服务商不断增多，传统产业数字化转型的难度正在降低。

移动互联、工业云、大数据、工业机器人、人工智能、工业传感器、3D 打印、边缘计算、数字孪生等技术蓬勃发展，支撑着传统制造业数字化改造，如数字孪生技术借助安装在物理对象上的传感器获得物理对象的属性及状态的最新数据，利用仿真手段来映射产品实时状态、工作场景，可用于检测、诊断和预测。制造执行系统（MES）为操作人员和管理人员提供设备、物料、客户需求等资源的实时状态，以及生产计划的执行情况。

云计算、通用数据分析、先进存储等技术发展，降低了制造业数字化转型的难度和成本。如随着云计算技术的不断成熟，公有云、私有云、混合云等云服务面向各行业提供廉价的计算、存储等资源，减少了企业昂贵的软硬件和人力投入。skilearn、Mahout 和 Tensor Flow 等集成数据分析算法工具相继出现，为制造业企业运用先进数据分析方法创造了良好的环境。批计算、流计算和迭代计算等先进计算技术和 NoSql、Newsql 等先进存储技术在各领域得到广泛应用，企业可以借助开源框架形成自身的数据分析能力。

数字化转型服务商提供模块化的技术应用和软件化的知识经验，将成熟的技术、管理、应用等方面的知识经验以较低的成本快速复制推广，对传统制造业数字化转型至关重要。数字化转型服务商主要有两种来源：一是越来越多的互联网企业紧抓与传统制造业融合发展的重大机遇，进入传统制造领域，如阿里集团的阿里巴巴 ET 工业大脑、中国移动的物联网开放平台 OneNET；二是传统制造企业数字化转型成功后扩展业务，如航天科工、三一重工集团、海尔等传统制造企业逐步向服务平台转型，推出了航天云网 INDICS、树根互联根云 RootCloud、海尔 COSMOPlat 等工业互联网平台。

第三节 传统制造业数字化转型的进展与面临的主要问题

我国传统制造业发展较为落后，大部分企业还处于自动化（电气化）阶段。除了发展阶段较为落后，缺乏权威性的数据标准、数据安全问题亟待解决、数据开放共享不够、信息基础设施有待加强、核心关键技术受制于人等问题仍存在，制约着传统制造业数字化转型进程。尽管如此，依然有一批优秀企业完成了数字化转型，并形成了多种应用模式与场景，发挥了示范性作用。

（一）传统制造业数字化转型的进展

为促进包括传统制造业在内的制造业转型升级，我国不断完善制度环境，制定出台了一系列战略规划和政策措施。制造业数字化整体水平不断提高，处在产业发展前沿的工业互联网应用不断拓展。

1. 制造业转型升级的制度环境不断完善

2015 年 5 月，国务院印发《强国战略》，实施制造业创新中心建设工程、智能制造工程、工业强基工程、绿色制造工程、高端装备创新工程，以高端数控机床和机器人等十大领域为重点推动制造业转型升级，分步实现制造强国的战略目标。随着消费互联网向产业互联网快速转变，制造业成为"互联网 +"的主攻方向。2016 年 5 月，国务院印发《关于深化制造业与互联网融合发展的指导意见》，系统推进"强国战略""互联网 +"行动，加快制造强国建设。2016 年 12 月，工业和信息化部、财政部印发《智能制造发展规划（2016~2020 年）》，目标是到 2020 年，智能制造发展基础和支撑能力明显增强，重点领域取得明显进展。2017 年 6 月，《网络安全法》开始实施，禁止非法侵入、干扰、窃取网络数据行为，对公共数据开放、运营商的数据保护业务等做出了规定。2017 年 11 月，国务院印发《关于深化"互联网 + 先进制造业"发展工业互联网的指导意见》，围绕网络、平台、技术、产业、生态、安全、开放，增强工业互联网产业供给能力，打造与我国经济发展相适应的工业互联网生态体系。

上述文件对传统制造业数字化转型进行了全面部署，涉及的主要支持措施和鼓励政策包括以下 12 个方面的内容。

（1）支持技术研发。实施工业强基工程，部署国家重点研发计划，支持关键核心技术研发。实施"芯火"计划和传感器产业提升工程。研发高档数控机床、工业机器人等智能制造装备及智能化生产线，突破智能仪表、控制系统等核心装置。布局智能交通、智能工程机械、智能家电、可穿戴设备等产品的研发和产业化。开展政、产、学、研用协同创新，支持建立一批联盟。

（2）促进成果转化应用。稳定中央技术改造引导资金规模，鼓励地方设立专项资金，建立长效支持机制。加快各行业智能化改造，推进试点示范企业建设，建设数字车间、数字工厂。实施中小企业智能化改造专项行动，引导中小企业智能化改造。研究制定重点产业技术改造投资指南和重点项目导向计划，实施关键技术产业化工程，完善成果转化服务体系。

（3）推动重点领域突破发展。瞄准新一代信息技术、高端数控机床和机器人、航空航天装备、海洋工程装备及高技术船舶、先进轨道交通装备、节能与新能源汽车、电力装备、农机装备、新材料、生物医药及高性能医疗器械等战略重点，引导各类资源集聚，推动产业快速发展。实施智能制造工程，显著提高重点领域智能化水平。实施智能制造试点示范及推广应用专项行动。打造智能制造装备产业集聚区。

（4）完善金融支持政策。积极发挥政策性金融、开发性金融和商业金融的优势，加大对新一代信息技术、高端装备等重点领域的支持力度。健全多层次资本市场，推动区域性股权市场规范发展。引导风险投资、私募股权投资支持制造业转型发展。支持以融资租赁方式促进制造业转型升级，鼓励贷款和租赁资产开展证券化试点，进一步推广知识产权质押，通过内保外贷、外汇及人民币贷款等方式，支持制造业企业设立境外研发中心，收购兼并。

（5）加大财税政策支持力度。财政资金支持从"补建设"转向"补运营"。运用政府和社会资本合作（PPP）模式，引导社会资本参与。实施有利于制造业转型升级的税收政策，推进增值税改革、扩大抵扣范围，推动固定资产加速折旧，完善企业研发费用计核方法，进口必要零部件、原材料享受进口税收优惠。完善和落实支持创新的政府采购制度，推进首台（套）重大技术装备保险补偿试点工作。采购云计算等专业化第三方服务，引导、鼓励中小企业"上云"。

（6）培育、引进和激励适用人才。强化职业教育和技能培训，建设一批实训基地。实施企业经营管理人才素质提升工程和国家中小企业银河培训计划。实施专业技术人才知识更新工程和先进制造卓越工程师培训计划。加大制造业引智力度，引进领军人才和紧缺人才。完善股权、期权等风险共担和收益分享等激励机制，完善人才服务机构。

（7）加强信息基础设施建设。加强建设规划与布局，实施工业互联网基础设施提升改造工程，鼓励电信运营商改良工厂外网络，推动工业企业内网建设。加快光纤网、移动通信网、无线局域网的部署和建设。推进连接中小企业的专网建设。鼓励基础电信企业进一步提速降费，特别是降低中小企业资费水平。加大频谱资源等关键资源保障力度。

（8）夯实质量发展基础。支持组建重点领域标准推进联盟，构建信息物理系统参考模型和技术标准体系。鼓励团体标准,建立企业自我声明、公开和监督制度。鼓励和支持国内机构参与国际标准制定。实施智能制造标准提升专项行动。加强计量科技基础及前沿技术研究。完善检验、检测体系,提高强制性产品认证的有效性,推动自愿性产品认证健康发展。加强事中事后监管,支持行业协会发布规范或公约,营造良好的生产经营环境。

（9）提高信息安全水平。完善政策法规,健全安全标准,建立安全风险评估、通报、预警机制。明确相关主体的数据安全保护责任和具体要求,加强监督检查。实施工业控制系统安全保障能力提升工程,组织开展工业企业信息安全保障试点示范。依托现有科研机构,建设国家工业信息安全保障中心。2017年6月,《网络安全法》正式实施。

（10）打造服务平台体系。实施工业互联网平台建设及推广工程,依托工业互联网平台形成多层次公共平台。实施智能制造系统解决方案供应商培育专项行动,实施制造业创新中心（工业技术研究基地）建设工程,建设制造业工程数据中心,为企业提供开放共享服务。实施"双创"服务平台支撑能力提升工程,支持大型互联网企业、基础电信企业建设面向制造企业尤其是中小企业的"双创"服务平台。

（11）促进制造业国际交流合作。放开一般制造业准入,提高开放水平,实施负面清单管理。引导外资投向新一代信息技术、高端装备等领域,鼓励设立研发机构。加强对外投资立法,支持企业境外并购和股权投资,在境外建立研发和产业链体系。加快推进与周边国家在基础设施、标准等方面的互联互通、互认共享,开展技术交流与合作。

（12）成立领导机构,组建行业组织。成立国家制造强国建设领导小组,由国务院领导同志担任组长。国家制造强国建设领导小组设立工业互联网专项工作组,在工业和信息化部的指导下,2016年2月1日,由工业、信息通信业、互联网等领域百余家单位共同发起成立工业互联网产业联盟;2019年1月22日,由中国信息通信研究院联合60余家产、学、研、用相关单位共同发起成立了数字中国产业发展联盟。

从上述措施和政策来看,政府对传统制造业数字化转型进行了一定程度的干预,如资助必要的研究和重大技术突破、构建信息基础设施、培育良好的市场生态环境。这对于制造业数字化转型发挥了明显的推动和促进作用。但是,直接资助多、环境建设少,点对点政策多、普惠性政策少,政策制定快、执行落实慢等问题仍存在。

2. 数字化改造进展较快,网络化、智能化发展较慢

中国信息化百人会与中国两化融合服务联盟联合发布的《中国制造业信息化指数》显示,制造业整体处于从工业2.0向工业3.0过渡阶段。从实际调研情况来看,相对小企业来说,大企业更接近工业3.0阶段的发展水平。国际数据公司（IDC）发布的《2018中国企业数字化发展报告》显示,我国消费行业数字化程度相对较高,而制造

业数字化程度较低，超过 50% 的制造企业尚处于单点试验和局部推广阶段。

工信部发布的《中国两化融合发展数据地图（2017）》包括数字化指标、集成互联指标、智能协同指标三个部分。其中数字化指标可以描述较低水平的制造业数字化转型，集成互联指标、智能协同指标可以描述较高水平的制造业数字化转型。近年来，我国两化融合发展水平持续上升，维持 2%~3% 的增长，2017 年全国两化融合发展水平得分为 51.8。2017 年数字化指标相对较高。而集成互联指标、智能协同指标相对较低，说明较低水平的制造业数字化转型较快，而较高水平的制造业数字化转型较慢。如关键业务环节全面信息化的企业整体比例为 40.3%，其中大型企业为 60.7%、中型企业为 50.4%、小微企业为 34.3%；智能制造就绪率整体为 5.6%，其中大型企业为 14.5%、中型企业为 81%、小微企业为 3.6%。中国信息化百人会披露的数据显示，2017 年我国生产设备数字化率为 44.8%，其中实现联网的比例为 30.9%；通用性较高的企业资源计划（ERP）普及率为 55.9%，但个性化需求较高的制造执行系统（MES）普及率为 20.7%；实现网络化协同研制的企业比例为 31.2%。

3. 处于行业发展前沿的工业互联网应用不断拓展

工业互联网是制造业数字化转型的前沿技术应用。推进工业互联网发展已经成为我国制造业转型升级的主要抓手，也是各主要工业强国抢占制造业竞争制高点的共同选择。根据中国工业互联网产业联盟测算，2017 年中国工业互联网直接产业规模约为 5700 亿元，2020 年预计达到万亿元规模。前瞻产业研究院发布的《中国工业互联网产业发展前景预测与投资战略规划分析报告》显示，2017 年中国工业互联网市场规模为 4677 亿元，预计 2020 年达到 6929 亿元。

工业互联网技术应用在产品开发、生产管理、产品服务环节。在生产管理环节，应用工业互联网技术的制造业企业主攻数字工厂、智能工厂，旨在提升生产效率与产品质量。在产品开发和服务端应用工业互联网技术的企业致力于开发智能产品，提供智能增值服务。从调研情况来看，在产品和服务端应用工业互联网技术的企业，远多于在生产管理环节应用工业互联网技术的企业。工业互联网的主要应用模式和场景可归纳为以下四类。

（1）智能产品开发与大规模个性化定制。如小米公司围绕小米手机、小米电视、小米路由器开发了系列智能家居产品，实现设备互联互通。红领集团通过分析大量不同体型的消费者穿衣需求数据，建立了数万种设计元素和数亿种设计组合，对用户需求进行快速响应，实现了个性化产品的大规模定制。

（2）智能化生产和管理。实现生产装备、传感器、控制系统、管理系统等基于网络的广泛互联，大幅提高数据获取能力，并在此基础上进行数据集成与分析，形成柔性制造、参数优化、质量管控与溯源、生产线预测性维护、库存优化等一系列智能化应用。如苏州协鑫公司利用阿里巴巴开发的 ET 工业大脑分析其生产工艺数据,从上千个生产参数中找出 60 个关键参数优化生产流程,良品率提高了 1%。九江石化通过在 161 个主要设备、751 个工艺位号设置数据采集装置,实时进行数据采集与分析,及时展示生产线设备的状态信息,实现智能化巡检和运维。

(3)智能化售后服务。通过远程平台与智能产品互联,实时获取智能产品运行状态、用户操作、环境信息等数据,对数据进行集成、存储、管理、分析,提供产品追溯、在线检测、故障预警、预测性维护、运行优化、远程升级等服务,形成新的商业模式。如东方航空公司搜集 CFM56 发动机的高压涡轮叶片保修数据,建立了叶片损伤分析预测模型,通过分析远程诊断数据,可在叶片损伤前对其进行有计划的主动维护,大大提升运营效率。三一重工通过对遍布全球的混凝土泵车、起重机、路机等设备作业状态数据进行分析,提示客户对不同部件进行保养,该增值业务已成为企业利润的重要来源。沈阳鼓风机厂开发建立了云服务平台,接入其生产的遍布全国的设备运行数据,实现远程监测与故障诊断,减少非计划停机次数,提高机组运行效率。

(4)产业链协同。利用公众互联网、企业间专网、工业云等,发展协同设计、协同制造与精准供应等应用,实现制造生产能力的远程监控与配置,提高企业间设计、采购、物流、销售的协作能力,促进企业间资源高效集聚、优化配置。如航天云网接入集团 600 余家单位,对设计模型、专业软件及 13 万余台设备设施进行共享,使集团资源利用率提升 40%。联想集团利用其全球数据中心掌握的数据,与宝钢合作建立钢铁销量预测系统,帮助宝钢精准预测钢材需求。波司登"零售云平台"实时监控全国 3000 多家门店的库存和销售数据,有效减少缺货损失 21%,售罄率增长 10%。

工业互联网平台为制造业数字化转型提供支撑服务。工业互联网平台可以分为通用平台、行业平台、专业平台。它们都可以直接为用户提供服务,但更多的是,通用平台为行业平台提供服务,行业平台为专业平台提供服务,专业平台为终端用户提供服务。通用平台处于产业链上游,提供基础的云计算资源能力、数据管理及数据分析能力,为行业平台和专业平台提供支撑。例如,浙江春风动力股份有限公司的高端运动装备智能制造优化提升项目,由阿里云、上海腾龙科技有限公司、浙江力太科技有限公司等联合提供服务。

目前,我国已有一批工业互联网平台实现了规模化商用,主要集中在数字经济较发达的大型城市,包括北京、上海、广州、深圳、杭州等,有力地支撑了周边地区智能化生产、个性化定制等新模式、新业态的推广应用。如阿里巴巴推出 ET 工业大脑,为徐工集团、协鑫光伏、吉利汽车等多家制造企业提供了工业互联网、工业大数据服务。

华为通过构建 eLTE 产业联盟、边缘计算联盟、NB-IoT 论坛、Orean-ConneE 四大生态,推进工业互联网产业发展。三一重工集团聚焦工业互联网组建树根互联公司，推出根云 RootCloud，与星邦重工、华为、腾讯、中国移动等来自制造业、信息通信业等领域的多家企业开展战略合作。根据中国信息通信研究院的不完全统计，截至 2018 年 3 月，各类工业互联网平台数量达到 269 个，主要应用方向为装备（30%）、消费品（28%）、原材料（21%）、电子信息（12%）、其他（8%）。

（二）传统制造业数字化转型面临的主要问题

我国传统制造业数字化转型已经取得了一定成效，但阻碍行业发展的问题仍不少。

1. 缺乏权威的数据标准

制造企业每天产生和利用大量数据，如经营管理数据、设备运行数据、外部市场数据与消费互联网不同，工业设备种类繁多，应用场景复杂，不同环境有不同的工业协议，需求、设计、生产、营销等环节的数据格式差异较大，不统一标准难以兼容，也就难以转化为有用的资源，难以为产品质量检测、产品设计、决策分析等提供支撑。目前，我国已有全国信息技术标准化技术委员会、智能制造综合标准化工作组、工业互联网产业联盟等多个从事相关标准研发的机构，制定了《国家智能制造标准体系建设指南》并已更新到 2018 年版、《工业互联网标准体系框架（版本 1.0）》等文件，但具体标准的研制和推广工作刚启动，市场接受度还不高。

2. 数据安全问题有待解决

进入数字经济时代，越来越多的工业控制系统及其设备接入互联网，必然会涉及工业数据跨企业、跨行业、跨区域流动问题。工业数据对安全的要求远高于消费数据。工业数据涵盖设备、产品、运营、用户等方方面面，在采集、存储和应用过程中泄露，会为企业和用户带来严重的安全隐患，如数据被删除或篡改可能导致生产过程发生混乱，甚至会威胁城市安全、人身安全、关键基础设施安全，乃至国家安全。云化以后，数据非法访问风险加剧，数据安全风险持续加大，数据安全问题凸显。一方面，虽然有各种针对工业数据采集、传输、存储等方面的安全措施，但"道高一尺、魔高一丈"，各种信息窃取、篡改手段层出不穷，技术上并不能确保数据安全。另一方面，惩罚措施尚不到位，在立法、执法层面不能给予数据窃取、篡改者足够的威慑。

3. 数据开放与共享水平有待提高

随着数字经济的发展，企业对外部数据的需求呈现不断上升的趋势，包括产业链上下游企业信息、政府监管信息、公民基础信息等，将这些数据资源进行有效整合才能产生应用价值，而前提是这些数据能够获得。目前，政府、事业单位等公共部门的数据仍处于内部整合阶段，对社会公开尚需时日。社会数据方面，对哪些数据可以采集并独享、哪些数据可以采集但必须共享、哪些数据不能采集，还缺乏详细规定。数据开放共享不够，相互独立，由此产生了"数据孤岛""数据烟囱"，不利于制造业数字化转型。

4. 核心关键技术能力不足，信息基础设施建设有待加强，制造业数字化转型的基础相对薄弱

关键工业软件、底层操作系统、嵌入式芯片、开发工具等技术领域基本被国外垄断。我国能够生产的工业传感器与控制产品多集中于低端市场，高端产品依赖进口。控制系统、平台数据采集开发工具等领域的专利多为外围应用类，缺少核心专利。信息基础设施供给能力显著增强，但发展不平衡矛盾依然突出，5G 建设需求依然迫切。

5. 对就业的挑战将比电气化时代更为严峻

从工业 2.0 发展到工业 3.0 对就业的影响并不明显，更多的是提升效率和增加反应灵敏度。但从工业 3.0 发展到工业 4.0，人类劳动很大程度上将被人工智能替代。在电气化时代，随着生产效率的大幅提高，剩余劳动力可以转入服务业，但在数字经济时代，人工智能、机器人等技术不断成熟，重复性劳动很容易被替代，这种替代同时发生在制造业和服务业，从而形成更为严峻的就业压力。

第四节　美国和德国制造业数字化转型的经验与启示

新一代信息技术正在加速与制造业融合，全球主要工业国家均在积极围绕智能制造进行战略布局和实践探索。与日本、法国等仅有少数企业具备竞争力不同，美国、德国都拥有多家领先企业，几乎涉及操作系统、处理器、大数据、云计算等所有关键领域，并不断开拓新领域，已经形成集群优势。美国工业互联网和德国工业 4.0 与我国所倡导的制造业与信息化深度融合、"强国战略"，在核心理念、发展目标上是相似的，他们在实施落实过程中的一些做法和经验值得我们借鉴。

（一）大力推进信息技术与制造业深度融合发展

20 世纪 70 年代，美国传统制造业的主导地位日渐衰落，两大支柱产业——汽车工业和钢铁工业因为遭到来自日本和西欧的激烈竞争而陷入衰退。20 世纪 80 年代，信息技术革命在美国迅速传播开来，发展基于"信息高速公路"的高端制造成为美国重振制造业的核心战略。信息技术、自动化技术、现代管理技术与制造业广泛融合，出现了将数控机床、工业机器人、自动传送系统、自动仓储系统等连接起来，并通过计算机进行集中控制的柔性制造系统。20 世纪 90 年代，美国借鉴日本精益生产提出"敏捷制造"。2011 年以来，为应对新一轮科技革命和产业变革带来的机遇和挑战，美国大力推动"先进制造"，工业互联网是美国推动"先进制造"的重要内容。

在德国，制造业企业数字化改造已有较长历史。如西门子 1982 年就开始对工厂进行数字化改造，大众集团 1995 年就在研发设计环节使用了 3D 打印技术，博世集团

在"机器互联"方面有超过 15 年的实践经验。2006 年，德国政府发布《国家高技术战略》，开始跨部门协调相关研究和创新计划，着力推动物联网技术应用在制造业是其重要内容。2010 年，德国推出《高科技战略 2020》，确定了 11 项"未来项目"，其中包括未来制造业。2012 年，德国政府发布《高科技战略行动计划》，把 11 项"未来项目"缩减为 10 项，其中包括"工业 4.0"项目，旨在将信息技术与制造技术深度融合，全面提高企业生产率，强化高端制造优势。

（二）政府和行业组织发挥了重要作用

政府在制造业数字化转型中发挥了引导和推动作用。如为推动"敏捷制造"，美国能源部于 20 世纪 90 年代牵头制订了"实施敏捷制造的技术"五年计划（1994~1999 年）。2011 年，美国总统科技顾问委员会（PCAST）发布《捕捉美国先进制造业的竞争优势》，提出先进制造伙伴计划（AMP），聚焦于信息技术、材料技术和制造技术相结合的先进制造业，通过"官、产、学、研"共同投资新兴技术，提高美国制造业的全球竞争优势。2012 年，美国总统行政办公室颁布《制造业创新网络计划》，提出建立一个适应制造技术工艺快速高效商业化的国家制造业创新网络（NNMI），旨在全美范围内打造 15 个顶尖的研究机构，通过将大中小型制造商、学术界及相应的政府部门的力量集合在一起，来确保美国在若干先进制造业领域的领先地位。2014 年，美国总统科技顾问委员会发布《加速美国先进制造业报告》，即 AMP 2.0，这是继德国工业 4.0 之后又一份政府主导的国家级制造业战略。先进制造伙伴计划（AMP）指导委员会由麻省理工学院、加州大学伯克利分校、斯坦福大学、卡耐基·梅隆大学、密歇根大学、乔治亚理工学院等美国顶级工程院校的校长，以及卡特皮勒、康宁、陶氏化学、福特、霍尼韦尔、英特尔、强生、诺斯洛普·格鲁门、宝洁和联合技术公司等美国大型企业的 CEO 组成。美国商务部计划到 2024 财年累计拨款 19.3 亿美元，完成 45 家先进制造创新中心建设。先进制造创新中心的职能包括先进制造技术的研发、应用、示范和推广，培养和培训专业技能人才，降低制造生产的成本和风险，鼓励社会成员广泛参与等。2014 年《振兴美国制造业和创新法案》规定了政府资助先进制造创新中心的要求。

2013 年 4 月，德国政府在汉诺威工业博览会上推出《保障德国制造业的未来：关于实施工业 4.0 战略的建议》，提出了标准和参考架构、基础设施、安全和保障机制、监管框架等 8 项保障措施。为推动工业 4.0，德国联邦政府于 2014 年 8 月出台《数字议程 2014—2017》，通过 7 个行动领域的全面布局，力争在智能制造与服务、大数据和云计算等领域开辟更多的发展机遇。2016 年 3 月，德国联邦经济与能源部发布《数字化战略 2025》，在国家战略层面明确了经济转型的基本路径；该战略聚焦千兆光纤网络、智能互联、数据主权、新商业模式等关键词，规划了包括"加强数据安全，保障数据主权""帮助德国企业推行工业 4.0"在内的 10 个重点步骤。2018 年 9 月，德国内阁通过了由联邦教研部主持制定的《高技术战略 2025》，作为未来高技术发展的指导方针和政府为继续促进研究和创新而确定的战略框架，明确了未来 7 年的跨部门任务、标志性目标和重点领域，为此联邦政府将在 2018 年投入 150 多亿欧元；智能化应用是该战略的重要发展方向。

美国工业互联网联盟（HC）、德国工业 4.0 平台等行业组织发挥了协调、整合作用。美国于 2006 年成立智能制造领导力联盟，这是一个由政府、工业界、学术界、研究机构和行业协会组建的智能制造研发促进机构；于 2014 年成立工业互联网联盟（IIC），该联盟已成为目前全球推动工业互联网发展最具影响力的产业联盟，截至 2018 年 5 月，已有近 40 个国家约 300 家成员单位，包括美国国家标准与技术研究院等公共机构，也包括华为、中国电信、中国联通等中国企业。德国于 2013 年搭建工业 4.0 平台，由德国信息技术和通信新媒体协会（BITKOM）、德国机械设备制造业联合会（VDMA）、德国电气和电子制造商协会（ZVEI）等协会组成秘书处，加速产业协作。德国工业 4.0 平台主席由德国经济事务部部长与德国教育研究部部长担任，主席团包括商业、工会、科学领域的代表，下设技术指导委员会、5 个工作组、战略组、标准组、产业联盟、学术顾问委员会、秘书组。

（三）发展工业互联网平台成为数字化转型的重要措施

构建基于工业互联网平台的制造业转型升级生态，是跨国巨头巩固其制造业领域优势的重要做法，政府也寄予厚望。通用电气、微软、西门子等大型企业不约而同地致力于工业互联网平台发展。

装备制造企业依托自身在专业领域的技术积累和行业经验，向工业互联网拓展业务。如通用电气立足航空发动机、石化、能源、大型医疗设备等高端装备的全生命周期管理服务体系，打造工业互联网平台 Predix，面向全球用户提供应用开发环境及各类工业应用软件和服务，至今已经推出了 160 余种 APP。西门子、博世、施耐德、ABB 等各大工业巨头也纷纷布局，打造可实现工业设备设施互联、工业大数据分析和工业应用开发等强大功能的平台，如西门子 Sinalytics 平台、MindSphere 平台。

信息通信企业依托云计算、大数据、物联网、人工智能等领域的技术优势，纷纷进军制造业。微软、亚马逊、SAP、思科、AT&T、惠普等 ICT 企业在工业领域提出了工业互联网解决方案。微软推出了企业级云计算平台 Azure，提供数据库、云存储、人工智能互联网等高效、稳定、可扩展的云端服务。惠普公司拆分出专门从事企业级信息技术解决方案的惠宇公司，提供工业云、工业大数据和工业物联网等服务。苹果、英特尔、高通等硬件生产厂商也在工业物联网领域加紧技术研发和产业布局。

（四）注重核心技术研发，保持全球领先

美国的知识经验软件化、平台化能力处于全球领先地位，拥有 IBM、微软、甲骨文等软件服务巨头。如在基础设施即服务（IaaS）领域，亚马逊、微软、IBM 等公司在技术、产品和市场规模方面全球领先。在平台即服务（PaaS）领域，各国工业互联网平台的 PaaS 核心架构几乎都采用美国 Cloud Foundry 和 Docker 等开源技术，具有绝对优势。德国工业具有深厚的历史积淀，在产品研发、装备系统、工业控制、工艺流程等领域拥有多家全球知名的大型企业和众多中小隐形冠军企业。两国均具备将知识经验固化封装为模块化的工具和服务组件的能力。

我国工业发展历程短，工业企业"两化"融合水平参差不齐。在设备数字化、网络化方面与美、德差距较大。设备数字化率不高、数字化设备中实现联网的比率低，中小企业基础尤其薄弱。但我国有完整的产业体系，有巨大的应用需求和发展潜力。

（五）注重标准、规范的开发

美国工业互联网联盟（HC）将构建全球性工业互联网标准作为其重要战略目标，把架构设计作为推进标准开发、技术研发、验证测试、产业部署等工作的重要抓手。由 GE、IBM、Intel 等国际巨头企业牵头，工业互联网联盟（HC）汇集成员力量，共同研究编制了《工业互联网参考架构 1.8 版本》等技术性文件，启动了《工业互联网安全成熟度模型》《工业互联网安全最佳实践》等的编制工作。美国工业互联网联盟还与国际标准化组织（ISO）、区域标准研制部门等合作，研制具体标准。

德国提出工业 4.0 概念后，制订的首个优先行动计划就是标准化计划。早在 2013 年年初，德国标准化学会（DIN）就发布了《工业 4.0 标准化路线图 V1.0》。德国工业 4.0 平台下专门设立了标准组，负责标准化及参考架构问题。2016 年，德国工业 4.0 平台发布《标准化路线图 2.0》《RAM14.0 参考架构》等技术性文件，建立了多个测试中心。

工业互联网联盟（IIC）的参考架构包括控制、信息、运营、应用、商业五个核心功能领域，覆盖多个水平领域，侧重跨领域互操作能力，具有广泛的适应性。德国工业 4.0 平台的参考架构包括信息物理系统（CPS）视角、产品全生命周期价值链视角、智能工厂级视角三个维度，继承了德国工业系统的严谨性，提出了更多的实施细节。2016 年，工业互联网联盟（IIC）与德国工业 4.0 平台达成合作，标准、架构方面的合作是双方合作的重点，成立了统筹合作工作联合研究组。

第五节　促进传统制造业数字化转型的政策建议

传统制造业数字化转型是企业自身发展需求，多数问题应由企业解决，也可以由

市场解决。但是，发展环境的改善需要政府积极推动，如加强数据安全监管、构建必要的基础设施。另外，由于传统制造业数字化转型具有正溢出效应，政府应适度介入和合理干预，如通过政府采购加以引导、支持重大关键技术攻关等。针对存在的问题，参考国外经验与做法，建议相关政府部门在以下七个方面加大工作力度。

（1）完善支持鼓励政策，促进传统制造业数字化改造。传统制造业数字化转型的目标是工业 3.0，示范工业 4.0。通过技改贴息、贷款贴息、搬迁补助、职工安置补助、加速折旧、产业引导基金股权投资等方式支持、鼓励企业数字化改造，提高企业整体数字化水平。通过财税支持、政府购买服务等方式鼓励中小企业与服务平台合作，引导中小企业通过"上云"提升数字化水平。通过试点示范，培育工业互联网平台，鼓励、支持优势企业推进集成创新、提高工业互联网应用水平，推广网络化协同制造、服务型制造、大规模个性化定制等新模式、新业态。

（2）促进工业数据标准建设与应用，促进数据的开放共享。引导行业组织、企业研究制定工业数据的行业标准、团体标准、企业标准。

梳理现有国家标准，适时将成熟的行业标准、团体标准上升为国家标准。国家标准以推荐性标准为主，加强与认证认可、检验检测体系的衔接，促进标准应用落地。加快政府部门、事业单位的公共数据开放进程，明确企业可以采集哪些数据，可以独享使用哪些数据，哪些数据属于公共数据必须共享给相关部门，防止公共数据成为少数企业谋取私利、垄断市场的工具，保障数据采集合法、规范。

（3）加强数据安全保护体系建设。强化重要工业数据和个人信息保护，明确数据在使用、流通过程中的提供者和使用者的安全保护责任与义务。加强数据安全检查、监督执法，加大惩罚力度，增强威慑力。严厉打击不正当竞争和违法行为，如虚假信息诈骗、倒卖个人信息等。引导、推动行业协会等社会组织加强自律。

（4）支持核心技术攻关，夯实技术基础。加大对通信、网络、人工智能、核心器件、基础软件等领域的技术研发资助力度，加强底层操作系统、嵌入式芯片、人机交互、工业大数据、核心工业软件、工业传感器等核心技术攻关。增加企业牵头的基础研究和应用研究项目数量。完善政府采购制度，加大采购力度，从需求侧拉动技术发展，帮助新技术、新产品实现市场应用。

（5）围绕传统制造业数字化转型要求，增强信息基础设施支撑能力。为适应数字经济时代对信息基础设施的要求，现有信息基础设施仍需加强普遍服务。另外，数字工厂、智能工厂对信息基础设施的要求远高于消费互联网，如要求实现高速率、大容量的信息传输，有时实时控制精度要求会达到毫秒级，现有 4G 网络无法满足。因此，有企业认为，没有 5G 就没有工业互联网。现阶段，基于明确需求和应用场景的 5G 建设在工业领域可以适当加快，但不建议为了宣传和显示度全面推进 5G 建设。

（6）加强国际合作，提高参与度，提升国际影响力。当前，美国、德国正在共同探讨工业互联网参考架构（IIRA）和工业 4.0 参考架构模型（RAMI4.0）的一致性，最终可能形成统一的架构。我国应发挥产业门类齐全、市场规模大、数据资源丰富等优势，在《强国战略》与德国工业 4.0 初步对接合作基础上，谋求与美国、德国深入合作。在国际合作方面，引导行业组织进一步发挥作用。

（7）与再就业培训、社会保障体系统筹规划。传统制造业数字化转型将大幅提高企业的智能化水平，从而可能显著减少普通就业机会。同时，知识、技能不能适应数字工厂、智能工厂的劳动力也难以适应数字化的服务业。有关部门应及早谋划，做好预测和预案，通过技能培训、提供公益性岗位等方式化解压力，同时发挥社会保障体系的作用。

参考文献

[1] 贺灵 . 数据要素市场化改革、企业家精神与制造业数字化转型 [J]. 湖南科技大学学报（社会科学版），2022，25（6）：65-76.

[2] 刘洺洲，周荣荣 . 数字经济背景下江苏省制造业企业数字化转型的现状调研和对策研究 [J]. 商业经济，2023（3）：26-28.

[3] 杨晨鸣 . 制造业数字化转型与工业互联网应用对纸业劳动力的影响分析 [J]. 中华纸业，2023，44（Z1）：29-33.

[4] 齐培培，徐璨，孙丹丹 . 智创之都背景下推动"专精特新"企业数字化转型的经验借鉴及对策研究 [J]. 宁波经济（三江论坛），2023（1）：17-19+29.

[5] 徐红丹，王玖河 . 考虑政府补贴的制造业数字化转型演化博弈 [J]. 金融与经济，2023（1）：51-60.

[6] 刘培林，俞霄扬 . 我国制造业数字化转型：趋势、现状与未来政策 [J]. 中共杭州市委党校学报，2023（1）：4-11+2.

[7] 唐浩丹，方森辉，蒋殿春 . 数字化转型的市场绩效：数字并购能提升制造业企业市场势力吗 ?[J]. 数量经济技术经济研究，2022，39（12）：90-110.

[8] 李芃达 . 制造业数字化转型开辟新路径 [J]. 智慧中国，2022（12）：32-33.

[9] 马鉴 . 湖南省以工业互联网助推制造业数字化转型问题 [J]. 经济研究导刊，2022（36）：86-88.

[10] 李思琦，赵文文 . 统一大市场战略格局下传统制造业企业数字化转型模式研究 [J]. 企业改革与管理，2022（24）：3-5.

[11] 范黎波，郝安琪，吴易明 . 制造业企业数字化转型与出口稳定性 [J]. 国际经贸探索，2022，38（12）：4-18.

[12] 胡拥军 . 加快制造业数字化转型的问题诊断与政策取向 [J]. 中国经贸导刊，2022（12）：71-72.

[13] 李晓华 . 制造业数字化转型与价值创造能力提升 [J]. 改革，2022（11）：24-36.

[14] 陈凤兰，武力超，戴翔 . 制造业数字化转型与出口贸易优化 [J]. 国际贸易问题，2022（12）：70-89.

[15] 王峰.制造业数字化转型与智能化升级之路 [J].信息化建设，2022（12）：36-37.

[16] 李文雄.数字经济下制造业数字化转型路径研究 [J].中国商论，2022（23）：145-147.

[17] 刘晓慧.数字化转型赋能河南制造业高质量发展研究 [J].当代经济，2022，39（12）：62-69.

[18] 国家发改委.我国制造业数字化转型持续深化[J].中国设备工程，2022（23）：1.

[19] 付宁，李晓钰.浅析四川省制造业数字化转型的难点与对策 [J].通信与信息技术，2022（S1）：61-62+66.